創立豪運

楊立豪 著

推薦序

小小螺絲釘也能發揮大力量

張延廷教授

　　立豪之前是我辦公室的侍從士，他說要出書真的讓我很驚喜，覺得他能恆心跟毅力能完成一本書，真的不容易，而且他在軍中的位階是一位士官長，雖然沒有軍官的位階高，但懂得在軍中一直保持求知若渴的律動，讓我認為是軍官學習的榜樣。當我讀完《創立豪運》這本書以後，覺得立豪剖析他軍旅生涯的經驗，觀察生活變化以及所犯過的人生錯誤，用心理學家曾經說過的話來做驗證，有系統化及清晰的思維架構寫出來，也把他想說的話也寫出來，覺得這本書是有價值而且值得推廣的。

　　我在擔任官校校長的時候，鼓勵無數的學生在學校要多念書，因為官校畢業主要是可以擔任飛行員，不是每位同學畢業都能飛行，其實還有很多條路走，可以讀好外語擔任武官、讀到博士擔任教授及做一位專業的達人等。也就是說，官校學生畢業之後還是要維持閱讀及進修的律動，不論工作再忙，利用公餘進修的時間去進修自己有興趣的專業，第一是維持閱讀的習慣有機會可以受高等教育；第二是為了將來退伍能做第二專長的準備。現在的進修環境比以前好很多，有機會一定要讀書，不管讀完書到了哪個領域，都是可以做這項領域的達人，所以我推薦讀過此書的年輕人能有改變自己人生的想法。

推薦序　小小螺絲釘也能發揮大力量

　　這本書總共七十篇案例，每一篇分成三個部分。第一個部分就是分享立豪從小到大一直到軍中所觀察的「生活現象」，尤其是觀察「人」的部分，接著是藉由他「體驗人生、面對困境及本身所犯過的錯誤」做一遍詳述，最後用「心理學教授所說過的話驗證他所說的情況」，然後將這三個部分集合成篇。每篇都是他所體驗過的案例，內容就是勉勵後進學子能藉由他的經驗，可以讓更多不管從軍的學子及外面的莘莘學子少走一些冤枉路，讓我非常感動。我很佩服立豪在軍中還是有很多工作要做，但他利用自己的時間用自身的經驗寫出這本書，真的很不容易，而且他擔任侍從士本身就一直在維持學習，也參加很多進修的課程，能在工作之餘還可以願意進修，另外還代表學校及社會分別參選大學及社會優秀青年，真的是很多年輕人學習的標竿。

　　我認為立豪的「寫作」就是要被看見，尤其現在軍人很少寫書能讓外面年輕學子知道，尤其是寫有關心理勵志的書籍，我得知立豪寫這本書就是要替國軍多說話，所以這本書不僅是他本身的自傳，也是他將在軍旅生涯寶貴的輕驗做分享，更是一本招募的好書，因為軍中也是社會的縮版，可以在軍旅生涯中歷練不同的專長，如同外面的「斜桿模式」，所以我鼓勵更多軍人在各領域施展個人的長才，尤其是退

伍後能銜接第二專長為更多人服務,而且還知道軍人不僅能文能武,還讓年輕學子嚮往軍中的生活,為國家效勞,這樣軍人的價值才能被看見。

推薦序

緣分很奇妙

中華安得烈慈善協會執行長 羅紹和

　　我與立豪的緣分滿奇妙的。當時在國防部的職務是軍事發言人，屬政戰體系，立豪則是空軍的。因為國防部是三軍都在裡面工作，有一次部內開會的時候，我記得當時立豪陪他的老闆去開會，因為開會的地點旁有一間休息室，當時我在休息室待命，如果等等會議中有需要我，就要馬上進去開會，剛好立豪等他老闆進去開會時，也在休息室待命。我記得看到立豪的肩識很好奇，就問他是否為士官長，他就回答我說「是」，我繼續關心立豪目前在什麼單位，家住哪裡，還有目前家人在做什麼等等。記得那次交談之後我們就解下一種奇妙的緣分。

　　雖然我退伍至今已有九年了，在去年六月我突然接到一通電話，非常好奇是誰打，結果是我在國防部當時認識的立豪。交談得知，他去年三月也退伍了，就問他有什麼需要我幫忙的地方，他說有拜讀過我的書，覺得我的書很棒，「軍人」也是可以出書，非常厲害，就跟我說想把軍旅生涯的所見所聞用出書的方式介紹，請我幫忙寫一封推薦序，我考慮了一下，就答應下來。緣分就是這麼奇妙，竟然我們是不同軍種，卻有同樣的理念，終究還是會連結在一起。

　　我看了立豪的創作的這本書叫《創立豪運》，用他的姓名當書名，一定不同凡響，我覺得這本書適合很多想投考軍校的學生，或者想要

有正確的人生觀、價值觀，都可以從這本書找出跟作者有同樣的想法。這本書用了七十篇案例，每篇案例都是立豪感受過的經驗，用他從生活及軍隊中觀察的人事物，再用心理學的效應來做驗證，然後集合成一篇案例，這樣可以讓讀者可以在閱讀的時候較為淺顯易懂。最重要的是「軍人」很多都是寫軍事專刊的文章較為廣泛，很少寫「心理勵志」的書籍，我想推薦立豪寫的這本書給大家，尤其是勉勵年輕學子可以從閱讀他的書籍過程，可以讓自己有一股前進的動力，進而改變人生。

本書緣由

　　我真不敢信自己也能出一本書。回想我在軍中服役放假的時候，除喜歡勤逛書店與看一些勵志書籍外，且在心中燃起一股信念——總有一天一定要出一本勵志書籍讓很多人知道。一直到我研究所畢業的時候，出書的意念更是強烈，但是因為職務不斷調動學習新事物，就把出書的意念一直放在我心中，直到去年我退伍了，覺得時機已經成熟，我就將軍旅生涯二十五年的經驗、求學的過程所觀察的生活現象以及體驗過的人生，寫成一本書，讓更多人知道。

　　雖然出書是一個讓自己有信心的指標，但此時我的心念就是想單純把自身的經驗用心理學效應來驗證自己的人生，其實我們每天的一言一行，一舉一動都是有心理作用的，連帶有因果效應。當我研究所副修心理學的時候，發現這些專有名詞竟然都是驗證我們每天的生活情況，尤其「人才」心理學，我更是多加著墨。此外，我很喜歡觀察我週遭的人事物，然後將觀察生活現象歸納成同一個心理作用，這樣長期觀察下來，建立有系統性的架構，可讓讀者一目了然；另外，在這本書中，我也是用不同的角度鼓勵更多年輕的莘莘學子，當你人生沒有方向以及生活困惑的時候，可以看看我的書，個人好的氣場尤其是如何形成，會讓你瞬間可以調整心態來做準備，所以我的書既是一本有關於全民國防及激勵的書籍，更是讓你的人生能有職涯方向的書。書中大部分的內容絕大多數是跟你的心態有關，我在書中常常拿我們家生活中所發生過的事、軍旅生涯經驗以及我所犯過的錯誤，尤其是在不同情境的「情緒控管」甚為重要。還有跟長官、同儕及晚輩相處

的點滴做為案例。每個案例皆由於我的改變進而帶動運氣越來越好，所以我綜整出來，若可以讓更多人因為我的書中內容，進而改善或者改變他們目前的情況，其實我就心滿意足了。另外，書中我會引用一些古人們常說的話，這時我就一直反思在現代是不是可以顛覆？這也是我想用其他的角度來陳述，另外也借用為世界奉獻的名人做為激勵的語言，屆時簽書會歡迎大家來現場討論。雖然現階段的我沒有辦法影響太多人，但我只想盡一份心力化為文字逐漸影響更多人，甚至化為行動到各個學校、各個可以讓我演講的場所，讓更多人知道，其實每個人來到這世上都是「王者」，所以對自己一定要有信心，不管你是從事什麼行業，一定可以在你身上找到「我材」這個契機，不能妄自菲薄，更不要放棄自己的信念。所以我在這裡鼓勵大家，如果你有更好的想法想讓更多人知道，記得透過社群、出書、演講等方式，這樣的社會因為有你的正面能量傳播，越來越進步。

感謝我的父母、弟弟、弟妹、姪女，還有各位貴人的支持，因為有你們支持我出書，我才有勇氣，還有感謝我在軍旅生涯中不同階段照顧我的長官、同事及兄弟。最後，我想用佛法的一段話回饋大家：「感謝天地、感謝諸神佛、感謝各界聖賢、感謝天下的人與眾生、感謝父母親、感謝兄弟姊妹、感謝家裡的每一個人、感謝曾經幫助過我的人、願斷一切惡、願修一切善、願愛護一切眾生，阿彌陀佛」。

目次

2　**推薦序**　小小螺絲釘也能發揮大力量　張延廷教授

5　**推薦序**　緣分很奇妙　羅紹和執行長

7　**本書緣由**

思想建立篇：正面樂觀，微笑，專注，智慧，情緒穩定

16　共同命運的「行善」

18　吃苦當做吃補？其實是吃出智慧

20　「書中自有黃金屋」需配合「斜槓方式」才能達到目標

22　「書到用時方恨少」在現代可以用教學平台即時補救，還可修補親子關係

25　「內化情緒」的人，是好運開始來臨的時候

27　人生要找到屬於自己的「心態烏托邦」

30　「尊重彼此的差異」可提升個人雅量，而且改善人際關係

32　再好的朋友也要懂得「應對進退」，友誼才能長久

34　「期望」有時候是無形的殺手，嚴重會導致精神疾病發生

37　每天必須保持「憂患意識」才有安樂的生活

40　養生在「情緒」簡直不堪一擊

42　個人的氣場讓人舒服表示大運將至

察言觀色篇：觀察別人的優點，好好吸取經驗

46　改變「說話的方式」可以提升自我的涵養

49　「鼓勵型罵人」方式有助於降低風險存在

51　對最親近的一等親最容易說話情緒「拿捏不穩」

53　將「謙虛的態度」融入職場，是有助於提升工作品質

55　「瓦拉赫效應」的潛能是有機會成功的

57　「被罵的藝術」可以訓練如何因應及修正自己的行為

59　「父母在，不遠遊，遊必有方」，現代可用交通及手機解決父母的疑慮

62　「自我解嘲」可以減低任何風險

64　電影〈阿甘正傳〉演出的橋段是現代人生的寫照

66　發自內心的「讚美」有助提升雙方的身心發展

68　我所接觸「退伍」的軍士官都是人才，找到屬於他們的舞台

貴人篇：可以提點你要改進的地方，又能一邊幫助你

72　「突如其來的變化」也可以達到人生的目標

74　「他鄉遇故知」，通常是有緣再次遇見志同道合的朋友

77　「一人得道，雞犬升天」，其實「雞犬」本身也需成長

79　良性的「家庭衝突」是有助人際關係的建立

81　「校園霸凌」另類的想法就是磨練意志力
83　「行行出狀元」，一定有一行是激發你潛力爆發的鐵飯碗
85　面對人家「嘲諷」可以造就很多奇蹟出現
88　花若盛開，蝴蝶不來該怎麼辦？
90　「初生之犢不畏虎」，可以在適合時機發揮，創造無限可能
93　體會「不公平對待」的人生
95　「聆聽」是可以訓練耐住性子的方式，建立清晰的思維架構
98　「完卻官糧無別事」其實是有有意義的事等著你去做

執行力篇：接到要做的事一定要分輕重緩急去執行

102　預判事情的變化是決定「成敗的關鍵」
104　越努力的人大部分運氣都會很好
106　「刻意練習」是一種生活態度
108　做出錯誤決定，有助磨練心志
110　將自己的「生活區域」整理一遍，工作效率提升及增加親子互動
113　人生有機會一定要跑一次半程「馬拉松」，可以看到生命的光點
115　「少壯不努力，老大徒傷悲」可搭配「大器晚成」驗證
117　「身體的健康程度跟工作執行的順暢度」會成正比
120　不得已在晚上做「重大決定」，找出關鍵適合的方式
123　每個人的身上都有潛能的「開關」，有機會可成名天下
126　人生準備好 0.5% 夢想就可以蓄勢待發

習慣篇：好的習慣要靠自己建立

130　做錯事一定會加速「因果變化」的循環

132　我的「心流」延伸助人且自我成長

134　「適時放手」，可以看到很多意想不到的驚喜

137　開車的品性需要「德至配車」，才能駕馭無阻

139　「人生有時適度無情」如同人際關係需要「斷捨離」

141　「不好意思」這四個字的力量是化解不必要的麻煩

143　人生沒有辦法掌握有把握的事，就先好好睡覺

145　人生碰到困難，「誦經」是最好的選擇之一

148　整理「統一發票」是訓練自己的思緒

150　鍛鍊「習慣」可形成自律

152　吾「時」三省吾身，可以精進自己的品格

155　「穿著方式」可以形成自律

合作篇：用自身良好的經驗協助對方完成使命

160　「成功」來自「做有感覺的事情」

162　「共情能力」提升有助人生

164　做到「家裡的父母生意」，人生大運將至

166　定期多去看「祖先」住的地方，家運會越來越好

168　人生有機會一定要擔任一次「義工」

170　在家有機會跟家人用「母語對話」，有助於親子關係

173　「知易行難」可以影響他人的微動力

176　我的人生要用「改命」取代「認命」

178　「教孩子學會生活技能」能縮短照顧的工時，讓家庭及工作平衡

181　「出國」是人生學習的經驗，有助提升個人文化品質

183　取得「話語權」能替對方立場著想

186　「侘寂」如同利他主義

後記

190　後記

思想建立篇

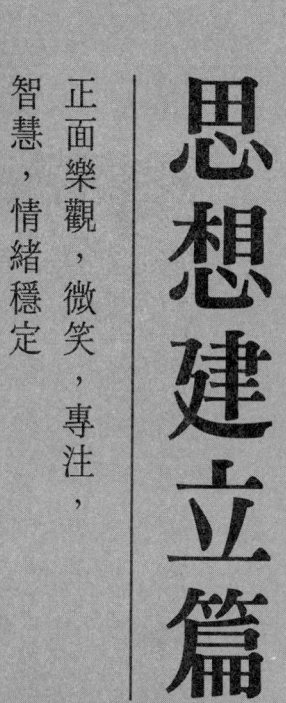

正面樂觀，微笑，專注，智慧，情緒穩定

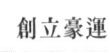

共同命運的「行善」

在多年前,我曾經去寺廟中拜拜,無意間看到一本善書,叫《了凡四訓》,裡面有幾頁篇幅令我感到興趣,當身體不健康、家庭不和諧、學業不順利,或者事業失敗、情感出問題等等這些情況真的不幸發生後,除了找信任的朋友訴苦、找心輔老師外,也常發生一種情況就是去寺廟求佛及菩薩庇佑。通常在寺廟,師父除了會鼓勵心境要改變,加上持誦一些佛經消除不如意的情況外,在這本善書關鍵點的部分,有一種解決方式比較特別,就是以跟你常生活的家人名義來捐款,也就是說,當事人碰到事情不如意時,可用家人的名字來做捐款,這會產生彼此是「共同命運」,無形中會改善困境,而且還會發生意想不到的好結果,讓我產生信心,也將本書中的案例拿來現實生活中應用。

當然,我也會是像善書中所提及有犯錯的地方,例如我跟父親常常為了一些小事吵架,檢討箇中原由,多半是在意、執著及面子不願放下等,所以我就將「共同命運」的行善方式拿來運用,以父母的名字來捐助幼兒的生活費,無形中父母及我的想法就開始改變,以後又碰到有吵架的情況,我就會採用討論的思維架構模式來解決,一次、二次都得到好的結果,所以我就開啟這種模式得到「善的循環」。我也很開心告訴我的同事,因他的老婆跟母親常常有婆媳問題,他也以母親及老婆名字同時捐款,結果婆媳關係大幅改善,所以我相信善事所教導的知識是教授我們方法,直接用在實際發生的情況,來做這種「行善」的行為。多年後,我看到美國華盛頓心理學家亞當・格蘭特教授寫一本書叫《擁有B選項》,裡面寫到喬伊・凱斯柏攻讀碩士學

位時,設計一種叫「共同命運」的治療,「鼓勵深陷喪子之痛的父母把孩子的生命放在更宏大的架構檢視,因為死亡不代表故事結束[1]。喬伊以『兒子的名義』捐款行善,為兒子的生命增添更多美好,幫助別人從創傷中獲得成長,會映照出兒子的生命價值」,意思就是兒子已經離開人世,藉由他的名字做捐款,幫助更多像喬伊這種家庭,此外也可以照亮兒子的價值,這本書中所言就如同我以家人的名義捐款,所驗證是一樣的。當我們在世上任何不如意之時,家人就是你的依靠,可以相互激勵、勉勵及以對方名義做捐款行為,這樣就叫共同命運的「行善」。因為真的驗證在我身上,而且常常會發生意想不到的驚喜,讓我更能確信共同命運的「行善」是可以改變我和周遭的人。

有一句話說的很好,「家和萬事興」,一家人是「共同命運」的連結,假設家中成員有不好的情況發生後,除了鼓勵、支持、勉勵外,亦可以使用「他們的名字」捐款做行善,雖然這只是其中的選項,但這種力量不容小覷,尤其無形中會產生很強的連結,而且讓共同命運形成一個強大的力量,所以我的建議是當你的父母、另一半及兄弟姊妹發生不如意的事情,可以用這種方式來試試,或許會有很多意想不到的好事發生。

---

[1] 雪柔・桑德伯格、亞當・格蘭特,《擁抱B選項》,2017年。

吃苦當做吃補？其實是吃出智慧

　　以前在國中念書時期，大部分的老師都希望同學考上好的學校，找到適合自己的工作，將來找到好的歸宿。但說真的，我一直沒有聽進去老師所說的話，滿腦子就是翹課或者和朋友出去玩，沒有心思把老師所說的話放在心上。直到準備要高中聯考的時候，回頭複習，才發現自己讀書缺乏的基礎太多，導致任何考試都失利，沒有考到一間學校。那時候心想，可能要去工地扛水泥或搬磚頭，就在畢業前幾個月，同學找我去聽軍校說明會，說可以包吃包住，甚至每月還有零用錢可以花，瞬間引起我的興趣，主要在那年代都還是以升學為主，很少聽到有人會去念軍校，我就去嘗試看看，結果真的竟然錄取了，那時候我簡直不敢相信，竟然有學校會錄取我。不過，從那刻開始，我真正吃苦的時候來了，如今退伍後回想這一切，我選擇在安逸的時間去吃苦，成就了我的人生。

　　當時還不知道軍校的環境是在幹嘛，以前都聽說軍校的軍事化管理很嚴謹，一進去後，才發現其實真正是鍛鍊自己的情緒、意志力，還有耐力。因為軍中算是一個高壓力的環境，每天會碰到很多狀況，要不斷的去應付，要不斷的去學習與不同的人共同生活以及怎樣去協助他人，比如跟長官說話應對的方式、同學間如何互相幫忙。一開始都會有困難，都是聽長官及學長的教導，才慢慢學習軍中跟大家相處的模式，其實重點就是學會做人，其次是做事。另外，可以學習別人好的觀點，並從中去擷取對我有益的點，這就是眉角所在，意思就是心領神會，當下次遇到我面臨這種狀況的時候，可以運用有益的點去

做事,讓對方內心感到舒服,獲得長官及學長的認同。美國心理學家馬汀・塞利格曼指出「接受並願意討論已經發生的事情,並從創傷事件中找出積極的意義,就是說把痛苦和正面的想法聯繫起來,才能幫助我們變得堅強。」[2] 就如同在軍校生活的寫照,我就一直保持正面的想法來應付軍中的事物,讓我的智慧慢慢開始發展,甚至有時候可以做得比別人更好,但我依舊保持謙虛致和的態度與長官、學長及同學相處。

有一句話說的很好,「吃苦當做吃補」。孟子說:「天將降大任於斯人也,必先苦其心志,勞其筋骨,餓其體膚,空乏其身,行拂亂其所為,所以動心忍性,曾益其所不能。」[3] 假設非常害怕、逃避、拒絕這些辛苦,那麼就算苦心志,勞筋骨,餓體膚,這些苦也只會讓我們對痛苦更敏感,更不想去吃。所以我在軍校把吃苦當做激發自己的潛能,且培養出強大的心志,變成後期學弟妹的典範。從他人身上,我看到他人吃苦之後能順利,這是因為他們有找到苦中的智慧,所以我建議不管做哪個行業,一定要先學會做人,其次是做事,每個工作及生活環境遇到的人事物「眉角」學起來,這樣吃苦就會產生智慧,才能解決更多問題。

---

[2] 引自〈人為什麼要吃苦(下):如何把「壞的吃苦」變成「好的吃苦」?〉,https://www.thenewslens.com/article/108141

[3] 引自百度百科,〈孟子・告天下〉,https://baike.baidu.hk/item/%E5%AD%9F%E5%AD%90%C2%B7%E5%91%8A%E5%A4%A9%E4%B8%8B/483186#2。

「書中自有黃金屋」需配合「斜槓方式」才能達到目標

以前有句話常說：「書中自有黃金屋，書中自有顏如玉。」但是現在顏如玉比較容易達到目標，但黃金屋就不易達到，原因是現在臺灣的房價太高了。以往老師跟我們說讀書能致富，是因為以前經濟剛起飛，物價及房價還沒有那麼高的時代，通過讀書考取功名可以找一個鐵飯碗，買到自己想要的房子，但如今就算讀書讀到有成就，也未必就能致富，而是要尋求「斜槓方式」來解決。

讀書是有方法可以致富的，但很多人想追求好的生活品質，在現代一定要當兀型人，就是所謂的多技之長，現在叫「斜槓方式」，以前叫 T 型人。以往可能讀書考取功名，進到公家行業就能過好生活，但現在這樣的方式可能不太行了，物價變高，薪水並沒有大幅改變，而且日常支出已經慢慢大於每月收入了，所以不得不改變自己的狀態，除了一份正常的行業外，要讓自己學習新的事物，才能發展「副業」，創造收入。我最常看見社群成立群組做副業，然後邀請大家加入社群參加討論和購買產品，例如大家合夥彼此排開自己正職的工作時間，利用空餘時間做「副業」，還有現在很多人喜歡拍短視頻，一個動作或一句話及生活體驗拍成影片，也是創造自己的斜槓方式。我相信這樣長期下來才有可能買得起一棟房子。

在軍中我就在思考，雖然我這個工作將來有終身俸，也有很多好待遇，但是我總是會碰到退伍的那一天，不能就只靠退休金及福利待遇來維持我的生活。從軍校畢業之後，有機會回到學校進修二專，同時考取汽車修護證照；另外再深造研究所人力資源碩士學位，並且也

考取相關證照；還有就是加強電腦方面的知識，也通過檢定考試；去年退伍前也去勞動部受機械領域的職業訓練。其實我也滿喜歡多元化學習，我相信這些也是代表我將來退伍後的「斜槓方式」，可以在外面再做二度就業。軍中是穩定的職業，但是未來退伍前一定要規劃去銜接外面的路，也要規劃屬於自己的「斜槓人生」，創造其他的收入，這樣的生活也能達到黃金屋的目標。

其實「斜槓」還有另一個好的層面就是從中可以知道哪項事物有發展性，可以在體驗學習中不斷深入了解，所以我建議你自己該有屬於自己的「斜槓」方式。美國紐約女專欄作家及諮詢師馬奇·艾波赫曾說年輕人不再滿足於專一職業的工作模式，而選擇有多重職業及身分的生活[4]，除了可獲得多重經驗，也可較快賺取財富。所以我認為「黃金屋」是代表生活的高品質，想要居住的地點好，交通方便，周遭資源豐富，環境清幽，要在專一職業的生活下，思考其他致富的出路，這樣「黃金屋」將來就屬於你了。

4　引自維基百科，〈多重職業〉，https://zh.wikipedia.org/zh-tw/%E5%A4%9A%E9%87%8D%E8%81%B7%E6%A5%AD。

「書到用時方恨少」在現代可以用教學平台即時補救，還可修補親子關係

　　最近跟我的同事在聊天，聊到他的小孩因為數學功課表現不佳，竟然小孩的爺爺要插手教導，但這小孩去爺爺家幾天後產生恐懼，然後回家跟父親說爺爺在教導時很兇，還罵「怎麼那麼笨，這種簡單題目都不會」，然後小孩就不停的掉眼淚，回來家裡就跟父親說不想再去爺爺家了，小孩的父親頓時無奈。我當下就把我的看法跟我同事說，「目前你的小孩頭腦還在運轉思考，尚未對數學的運算開竅，如果被強迫學習，只會越學越差，只能讓她去學習有興趣的科目。」這就跟我當初在學數學也是有同樣的情境，只是我沒有被強逼，但有去補習，結果越補越大洞，聽不太懂到底為什麼會這樣解題，我有疑問卻不敢問老師，老師都以為我聽得懂，但每次考試的分數都很低。我每次聯絡簿給父母親簽名，只要是自然科學和數學，從來都沒有及格過，只有文科都會及格，我就一直看他們的眼神，因為害怕被罵，但我看到他們都沒有說話，也沒有責怪我，我就瞬間鬆一口氣。現在回想，父母國中畢業後就沒有再受教育了，所以他們對數學也不懂，在學業上也就不會強逼我們，默默在聯絡簿簽名是因為相信我，認為有一個「我材」的東西等我去實現。

　　然後我同事又跟我說他的小孩有一個不錯的特質，就是在美勞課吸收的知識，回到家看著網路上影片做一些玩具拿到學校賣給其他同學。我就說：「你的小孩有這個特質非常棒，將來就朝這個目標發展，這也是一種『我材』的表現。假設數學不會的話，也可以看網路上的

影片怎麼解題，一樣可以做『即時補救』，假設補救後還是不及格，也沒有關係，就朝小孩有興趣的去做就可以了。」我同事後來就是讓她小孩利用網路教學平台做數學補救措施，除了學科補救通過外，還讓她在網路上學到有興趣的東西，用美勞的方式來施作，支持她為自己找到天賦，做到一舉兩得。後來我跟同事的聊天，讓他在網路平台教學發表心得，也跟他父親討論慢慢能體會她孫女的情況，其實要用不同方式教導才能學好東西，他父親逐漸釋懷，跟孫女慢慢修補親子關係，讓我甚為感動。

現在網路上慢慢推行「微型證書」[5]。這張證照就是需要用到的技能不需要去學校進修，針對將來在職場需要用到的技能，在網路課程及實作培訓3至6個月，取得證書後就可以投入職場工作，現代可以用這種方式解決「書到方時用恨少」。所以我認為現在網路這麼發達，在網路上做成一套課程，一步一步的解題，讓小孩直接在網路課程學習，尤其圖像化教學能讓小孩比較看得懂，若單純用文字教學，容易聽不懂且想睡覺。以前網路還沒那麼發達，都是看著課本內文字，怎麼學都學不會，常常遭到老師和父母的謾罵，現在用網路課程逐漸可以讓小孩開發頭腦學習，甚至未來是AI的時代，我相信學習不只有圖

---

[5] 參考 TVBS 新聞網，〈傳統學歷不再是求職唯一標準？微證書風潮漸起〉，https://news.tvbs.com.tw/life/1449932

像記憶外,有 AI 的老師可依照你的程度來教你,達到孔子所說的「因材施教」,真的一來可以補救現階段課業不足的地方,二來無形之間可以修補親子關係,三來還可以取得技能從事相關的工作。

「內化情緒」的人，是好運開始來臨的時候

我們每個人常常在任何場合扮演不同的「角色」，比如在父母面前扮演一位「好兒子」，在小孩面前扮演一位「好父親」，在老婆面前扮演一位「好丈夫」，在工作場所扮演一位「好主管」。所以在任何場合要顯示不同的角色，要做好定位已經不容易了，還要散發出讓別人對你是「好」的印象，確實是很辛苦的一件事。我在工作場合或者看電視的時候，常常看到一種現象，很多人會犯的通病，就是在工作場合碰到部屬事情沒有做好，動怒後心情就不好，下班回家後面對老婆及小孩，就將剛剛上班動怒所遺留的情緒發洩在他們身上，這是不對的，我認為這樣會造成兩種現象發生，第一，只要你將動怒的情緒移轉在他們身上，整個氛圍除很凝重外，也會跟你最親近的人產生冷戰，整個家庭氛圍會很尷尬；第二，就是當你將動怒的情緒移轉到他們身上，他們會有樣學樣，以後碰到此事就將情緒發洩在無辜的人身生。我建議要從「內化情緒」開始，當你不管在任何場所動怒後遺留情緒，到下一個場所前要先內化自己的情緒，保持好的心情面對人事物，例如去附近公園散步、聽聽音樂以及去運動；另外，也可以逛街先內化情緒一下，面對下一個場合遇見的人時，帶給他們好心情，這樣我相信你自己的心情也會變好，接著好運就會到來。

曾經我也犯過這樣的錯誤。剛到部隊時滿緊張的，那時胃腸不是很好，每次都撐到放假回家才去看醫生。有一次我休假回家的時候，到火車站後，打電話請母親來車站接我，在等母親的同時，胃腸開始痛了起來，令我當下情緒不好，等到母親來火車站接我，就一臉不悅

25

的口氣對她說:「怎麼那麼慢才到,到底在忙什麼?」母親當下是跟我說因為工作很忙,先暫時放下工作來接我,但我沒有因為母親說了這句話而釋懷,而是不太想理睬母親。這件事過了好久,在某一年的過年,母親將此事拿出來重提,我頓時嚇到了,這件事一直放在母親心中。還記得母親跟我建議:「下次如果有這種情形,火車站附近那邊有間胃腸診所,你可以先去那間看診,這樣你我情緒才不會相互影響。」我當下就決定一定要「內化情緒」,不能再把自己不好的情緒影響他人,尤其是家人。這件事現在我回想起來,應該當時可以將胃痛不好的情緒內化,再依母親的建議去火車站附近先看胃腸科醫生,然後吃了藥比較舒服後,再打電話請母親來載我。將「情緒內化」沉澱,轉變內化成「平心靜氣」的態度面對每一個人。

有一次看到一本書,是寫上海大亨杜月笙的一段經典論述:「上等人,有本事沒脾氣;中等人,有本事有脾氣;下等人,沒本事有脾氣。」[6] 看到這段話,我感觸很深,其實大部分的人也包含我,都是在中等人的層次,如果要做到上等人,一定要將「情緒」先內化掉,這樣不論在任何場所都會順心如意,而且還會為你的生活帶來好運。建議你下次真的情緒不好時,能先內化成可以解決這件事的狀態,相信自己遇到任何人事物都將迎刃而解。

6　參考投資網誌,〈你是什麼脾氣,就是什麼命!3個經典小故事,足以改變你一輩子〉, https://www.cmoney.tw/notes/note-detail.aspx?nid=135164

人生要找到屬於自己的「心態烏托邦」

　　美國著名科幻作家金・斯坦利・羅賓遜提出烏托邦屬於虛構的「理想鄉」，指出渴望在一個很完美的世界裡，沒有任何鬥爭，人民是平等的，財產及餐廳是共有的，君王是用公民選舉出來，有完善的資源及制度，跟我們東方陶淵明寫〈桃花源記〉一樣，沒有戰亂，沒有壓迫，自給自足，人人自得其樂，這是理想的世界。[7]但據歷史上記載，各朝代、甚至至今，常有不可預期的事發生，有天災人禍、有內亂、有糧荒、有疾病，所以「烏托邦」的情況是只能空想，並沒有存在真的世界。維基百科上稱，烏托邦雖然稱為理想的世界，但還沒有確切的定義。我想到烏托邦的理想情境可用我們每個人的「心態」來比照，即可以做到心裡沒有抱怨、沒有嫉妒、沒有暴怒、沒有恐嚇、沒有悲傷等等。以我來說，投入軍旅生涯改變我最大的就是「心態」。還沒有進軍校前，我的心態尚未成熟，沾染了一些不好的習慣，如偷錢、翹課、打架、嫉妒、暴怒、頂撞父母等等，現在回想起來，那時候的心態真的不成熟。直到進到軍校，才慢慢改變我的「心態」，因為在軍校是服從至上，軍校也不允許我有這些不成熟的行為發生，為了要徹底改變我的「心態」，就從每天被學長及長官的教導開始。也因為如此，我的心態一次又一次的產生變化，回家後跟父母親說話較有禮貌，而且也沒有前述我所說的行為存在，所以「心態」一旦改變，就會改變「情緒」，

7　參考科技日報，〈《烏托邦》問世500週年你心中的「烏托邦」今何在？〉，https://digitalpaper.stdaily.com/http_www.kjrb.com/kjrb/html/2016-12/08/content_356804.htm?div=-1

接著改變「行為」，我的「心態」軌跡慢慢回到正軌了，彷彿心態的「烏托邦」情境開始出現了。雖然無法像東西方學者所提的理想「烏托邦」，但我們每個人的「心態」修正後，除了天災或不可抹滅的因素外，還是有機會達到理想的「烏托邦」世界。

美國心理學家威廉・詹姆斯教授曾說：「思想決定行動、行動決定習慣、習慣決定性格，性格決定命運。」[8]所以，從思想一直改變到命運的過程，最重要的改變是「心態」，我從過往的幼稚行為隨著我的成長，在老師、家人及軍中的長官教導後，讓我下定決心改變我的「心態」。其實一開始真的不習慣，改了一下還是有暴怒、嫉妒及頂撞父母事情發生，所以不久後又回到原形，最後我還是下定決心，痛定思痛繼續改，結果不斷改變了之後，就產生一個好的習慣，進而產生「積極正向心理」，最後就是運氣越來越好，做什麼事情都會心想事成。無論到哪，我始終保持陽光的一面，面對事情採積極正面的應對，尤其在心態從負向改成正向後，很多事情就開始環環相扣，好事會接踵而來，到最後「命運」產生較大的變化，尤其變化最大的是家裡也變得和睦，工作職場會遇到貴人。我在想如果每個人都像我的「心態」一樣，這世界就真的會像「烏托邦」一樣。但現實告訴我這是不可能的，我只能出書影響更多人，重點就是心態一定要調整好，磁場

---

[8] 參考遠見雜誌，〈態度決定命運！從「倒數人生」開始改變想法〉，https://www.gvm.com.tw/article/55565

一定可以吸引志同道合的朋友。所以我建議，你可以參考我的方式，找到屬於你自己的「心態烏托邦」。

「尊重彼此的差異」可提升個人雅量，而且改善人際關係

我在部隊工作的時候，曾經碰到一個義務役的小兵，這個小兵很神奇的地方就是工作的態度不行，工具常忘記拿，或者交代的事情沒有做好卻用欺騙的方式，但是他有一個優點，就是每次帶他上跑道去工作的時候，碰到很難拆的螺絲或者裝不進去的管子，他都有辦法搞定，而且去餐廳吃飯的時候，他跟其他不同部門的長官吃飯還滿愉快的，很會跟長官培養人際關係，使我這個班長對這個小兵又喜歡又生氣，真是拿他沒有辦法。後來我幾次跟他溝通後，他有慢慢在改善，難免還是會犯小錯，但我都是以尊重彼此的差異為優先考量，鼓勵他的長處多多發揮，以後退伍還是用得上，我後來調到其他單位面對其他的小兵也是用「尊重彼此的差異」的方式，多看待他的長處，這真的在工作執行上面對我產生很多幫助。

我們部隊那時候義務役的兵要做二年，所以很多小兵來匆匆去匆匆，帶他們好不容易把工作做熟後，二年一下很快就過，他們就退伍了，馬上很快就會看到生面孔，又要重新教他們工作。所以我碰到新兵一定要先從他的家中背景了解，而且關心他們的生活狀況，然後從工作中發現他們的優點及缺點。每個兵都來自於四面八方，來到部隊表現的情況也會不一樣，有些兵工作表現態度良好，但只要工作就會遺忘一些重要工作步驟，有些兵工作能力很強，甚至說真的連我的工作手法都還不如這個小兵，但態度常常讓人反感。所以我會尊重彼此之間的差異，善用他們的優點來做事。另外在工作中我驗證到一件事：

因為我是班長的身份，小兵工作中執行不順的時候，我會另請他人協助，不會在團隊面前生氣，這樣工作執行的效率很差，另外還會產生其他工作上的問題，徒增一些困難、拉長工時。我建議在團隊工作的時候，絕對要尊重小兵的長處，讓他們在工作好好發揮，重點就是早點做完，大家可以早點休息，讓團隊工作執行順遂。其實有些小兵退伍後還會跟我聯絡，因為他們在外面也找到自己的一片天，他們就會說我以前在軍中帶領他們用「尊重彼此差異」的態度，他們在外面工作也是如此，為了感謝我特地打電話給我，使我非常感動。所以我認為他們進來軍中是一時的，應該要尊重他們之間的差異，找到長處好好發揮，並包容他們的短處，就可以逐漸完善團隊工作的模式，美國生活觀察家潔西卡・哈吉提到：「不要只跟那些和你做一樣事情的人合作，要找出不同熱情的人，你的體驗將倍數成長。」[9] 就是每個小兵都不是自己願意進來當兵，我做班長的就要找出這些兵不同的特質，平常就要多關心他們，將他們的熱情及長處散發出來，將工作的複雜程度給予不同能力的小兵去執行，這樣就可以找出他們的差異性，這樣在團隊生活中每天都會順利，所以我建議在團隊合作的時候要找出每個人的優缺點，重點就是尊重彼此差異性，這樣每件事都可以執行順暢，而且還會碰到很多驚喜的地方。

9　潔西卡・哈吉，《做個有梗的人，10步驟讓你的人生更有趣》，2014年。

再好的朋友也要懂得「應對進退」，友誼才能長久

　　從我國小到軍中至今，嚴格說起來，有三個真正的好朋友跟我的互動一直都不錯，開始與他們相處之後，碰到一些事情雖然會因為爭執吵架，但還是保持很好的友誼，因為我知道對方的底線到底在哪，就知道和朋友如何相處。一直到現在，碰到他們依然還是保持禮數相互往來，尤其過年過節會關心他們的近況，當然他們對我亦是如此；有困難的時候會相互幫忙，他們從來沒有其他理由，就義無反顧的協助我，我對他們也是如此。我相信這是上天賜給我的一種緣分，跟他們在一起就變得很舒服，這是一種磁場相近，尤其跟我三個朋友不管講電話或者當面說話，語助詞一開始要用粗俗的字眼，後面才能繼續接話，不然一直很正經的話太拘謹了，反而很尷尬。我也會看當下情況，從對方的語氣、反應、音量判斷可不可以適時開玩笑且不傷大雅，就會讓整場對話過程很愉快，同時也保持一定的禮數進行。

　　「熟不拘禮」[10]，尤其是對好朋友不講客套話，也不需要太過繁瑣的禮儀，這句話是沒有錯，我對朋友也常會熟不拘禮的，但是我認為再好的朋友有時候還是需要「應對進退」。我一直相信對方還是有底線的，再好的朋友都有他們自己的隱私，不該知道就不要問，而且很多事情是不需要打破砂鍋問到底，每個人都有他的空間；另外相處聊天的時間也要設停損點，有時候不要在對方家太晚，每個人都有家庭

10　參考引自百度百科，〈熟不拘禮〉，https://baike.baidu.hk/item/%E7%86%9F%E4%B8%8D%E6%8B%98%E7%A6%AE/53610277

生活，該離開就要離開，所以我寧可一直保持禮儀對待朋友一輩子，這樣友誼才能長久。另外在「熟不拘禮」的情況下，還是要關心對方的近況，不管對方有什麼情緒想宣洩，或者高興的事情與我分享，都盡量鼓勵及支持對方所做的決定，我認為這樣的關係才可以走一輩子。

美國心理學家愛德華‧霍爾教授曾提出：親密空間距離約四十五公分[11]，除了我前面談過父母與子女的親密距離，我相信這也是真心好朋友私交的距離。為了維持這個距離，朋友相處過程中一定要知道很多禮節，該開玩笑的開玩笑，該難過就好好鼓勵，該分享的就一定支持，例如去年三月我從軍中退伍後，請其中一個好朋友吃飯，慶祝我的退伍，結果快吃完餐的時候，他竟然趁我不注意，拿帳單直接去付錢。我後來回想這個狀況，因為他不會計較這個聚餐的目的是什麼，而是在乎我們之間的友誼，才會做出這個舉動，著實讓我感動，這真的是一輩子的好朋友。所以我建議如果要跟朋友做深入的交往，一定要觀察對方跟你的人生觀、價值觀及世界觀是否相同，其次是觀察對話過程開玩笑不失雅興的話，對方是否能接受，有困難是否能互相協助。種種情況綜合考量，如果互相都能呼應，而且常常可以相互往來，那代表上天賜你這種朋友是來幫助你的，而且鐵定是真心一輩子的，如果朋友間再加上「禮數」在裡面的話，這樣的友誼才能長長久久。

---

[11] 參考引自淡江時報，心靈花園，〈人際距離〉，https://tkutimes.tku.edu.tw/dtl.aspx?no=52501

創立豪運

「期望」有時候是無形的殺手，
嚴重會導致精神疾病發生

　　我之前在 youtube 曾看過一個短片，敘述母親的控制欲滿重的，常常逼她的女兒要以學習為重，不能參加課外活動，考試分數一定要第一，下課要馬上回家，還會裝監視器監視女兒的一舉一動，這些舉動無疑就是期望自己的女兒可以比別人家的更優秀。長期這樣下來，女兒被母親逼到產生抑鬱症，最後壓倒她女兒的最後一根稻草，就是母親說的一段話：「我生下妳們，無法繼續我的工作和學習，只能當全職母親照顧妳們，所以我把這些未完成的希望轉嫁給妳們。」後來她女兒受不了母親說了這句話，就去跳樓結束她的一生，結果這位母親始終未發現自己的錯誤在哪，還把這個希望延續在另一位女兒身上，還好這位女兒聰明，選擇離家出走，逃過母親的魔掌。母親最後求助精神醫師才發現自己就是殺害女兒的兇手，感到懊悔不已。從這部短片中發現，「期望」自己的女兒出頭天是沒有問題的，問題是「掌控及逼迫」他人一直做不願意的事情，才會造成人倫悲劇。這部短片讓我體會到另外一種心境，我出生的家庭滿幸福的，我的父母也期望我出頭天，但是他們常說：我們二老的學歷較低，也沒有辦法給我什麼樣的幫助，一切得靠自己的努力。所以讓我自然而然的發展，在學習的過程中沒有掌控及逼迫，給我很大的自主權，否則如果像短片中的母親這樣逼迫，我應該也會受不了並且反擊。現在回想當時，父母沒有「期望」我，所以在一次因緣機會下，報考軍校當軍人才知道有這麼好的福利待遇，除了改善家裡的生活外，在軍中學到意志力及毅力

的培養,真的很感謝父母給我擁有自己能掌控的人生。尤其我退伍後就回屏東定居,現在跟父母一起過生活,無形中我自己做了一件事,就是晚上一起看電視,到了該睡覺的時候,他們就比我早去睡,然後等到我也準備去睡的時候,就朝父母睡覺房間的房門外鞠躬一下,代表我敬重他們的辛勞,也敬重他們照顧我們平安長大,更敬重他們讓我們發揮所長幫助他人,甚至報效國家讓他們放心。

有些人會說:「期望越大,失望越大」,我相信每個父母都會期望自己的小孩能過著一個很棒的人生,但我看一些書、影劇及現實生活中,大部分的父母本身實力就很強,就期望自己的小孩也跟自己一樣強,有些小孩的特質是可以,但有些小孩實力就不允許。重點就是容易掉入父母「高期望」的陷阱,如果小孩本身特質不行,長期下來小孩很容易產生精神方面的疾病,這樣的家庭付出的成本更大,所以我認為當小孩沒有辦法符合父母高期望的目標時,就放手讓他去學習他們有興趣的東西。行行出狀元,不見得是父母所期望的那條美好道路,就如同美國羅森塔爾教授曾說:「父母給小孩更多的期望,給予他們更多支持及鼓勵,再加上潛移默化的方式而且不給予任何壓力,然後小孩在各方面表現都進步很多,這種情形叫期望效應。」[12] 所以我

---

12 參考引自世界名著,〈羅森塔爾效應:寄予什麼樣的期望,就會培養什麼樣的人〉,http://www.twtaipei.com/mfdl/39023.html

建議你傳授人生過程中好的經驗,並給予更多的支持和讚揚,當他們的潛力被激發出來,才是真正有用的「期望」。

每天必須保持「憂患意識」才有安樂的生活

　　第一次感覺到憂患意識是國中考高中的時候，意思就是處於安定中仍不忘思慮急難處境的危機感，主要是國中三年雖然有小考及大考，但我的成績一直不好，也一直安定地保持成績不及格，所以在畢業前就思慮自己可能連一間學校也考不到，讓我開始憂心重重。其實我想到最壞的打算就是先去工地工作，先賺錢幫忙家計，讀書以後再說，然而上天真的有眷顧我，「軍校」這個選擇突然來到我身上，我就去聽看看招生說明會，覺得這個選擇也不錯，包吃包住，還有零用錢可以用，相對福利待遇也不錯，我就去試看看。竟然就這樣考上了，所以我就進了軍校，但那時候只知道住軍校還要被操練，據說被退學還要賠錢，我又開始憂心重重，想著每天如何應付軍事訓練，如何應付功課，想著以後去部隊是什麼樣的環境，如同《論語‧衛靈公》：「子曰：『人無遠慮，必有近憂。』」[13] 意思就是不做長遠的打算，不預防可能的事情變化，憂慮很快就從眼前直接過來。所以我就把軍校所要應付的事情做一個分類，主要先在軍校把體能和功課照顧好，尤其軍校畢業前要體能測驗，還有將來下部隊應付每年的體能測驗，我就開始在軍校每天把體能訓練好，還有功課每天有不懂的就迅速問教官及同學，不要怕丟臉，而且要以最快的速度了解及吸收，然而在軍校三年級因為有專業分組，為了將來畢業跟部隊工作結合，我就每天將專業訓練

13　參考引自文化精華每日一詞，〈人無遠慮，必有近憂〉，https://www.ourchinastory.com/zh/1491/%E4%BA%BA%E7%84%A1%E9%81%A0%E6%85%AE%20%E5%BF%85%E6%9C%89%E8%BF%91%E6%86%82

做加強,以後去部隊工作才能銜接,所以這樣一步一步將較接近的問題先處理,才不會讓自己有憂心的情況發生。如果軍校的所有訓練都沒有辦法完成,我相信絕對待不住,一定退學,所以加入軍中就長期抱持憂患意識去過每一天,才能將首要的困難先解決,然後想著後續會發生的變化,再依照變化去做準備,這樣才能降低風險。後來我在部隊裡應每年給自己設定目標,例如今年要考證照,明年要加強語文等等,這樣會保持一股動力,去了部隊後才能用得到。將來有朝一日退伍銜接外面的工作,就能讓「憂患意識」的重心放在自己的心裡面,我相信才有安樂的生活出現。

我認為不管身處順境或逆境時,都能心憂自己周圍的人事物,這樣子風險可以降低外,過程中還可以產生智慧,激勵演說家曾仕強教授曾說順境的時候其實是一件危險的事情,逆境就反而比較安全[14],因為每天都保持戰鬥力,不怕任何突如其來的變化,所以在順境的時候應該要提高憂患意識,因為順境會使人鬆散,尤其順境太久,如果有一個逆境的情況進來,精神很容易一下垮掉。我的建議就是當憂患真的要來臨時,之前自己不足的地方,平時一定要加強,而且不斷要求自己,這樣才足以抵抗憂患到來。人生每個階段一定都會有憂慮的部分,所以唯有在人生不同階段,不斷精進自己不足的地方,才能戰勝。

14　參考引自 Youtube 影片,〈大道至簡〉,https://www.youtube.com/watch?v=aycKpQzHMvc

所以我建議你可以判斷未來的憂患有什麼，用清單列出，才知道自己要加強的部分。一定要對於可能會遇到的事情，抱持擔心、牽掛和關愛，才能從憂患意識中得到人生的智慧。

養生在「情緒」簡直不堪一擊

人生在世的時候，有時候會發生「無常」的事情，我之前看到一則新聞，有些人沒有任何疾病史、三餐都正常、沒有大魚大肉、更沒有不良嗜好，而且每天運動、生活作息正常，也沒有肥胖的問題，卻得到疾病；有時候我在想，一個人生活及工作如此正常，怎麼可能會得病呢？讓我百思不得其解，原因很可能是善書中以因果循環的道理來說，家族中可能曾經有長輩有相關疾病史：遺傳的關係；另外一方面，很有可能沒有做好事才會影響後代子孫；還有一種因素，就是自己的情緒常常沒有管控好，表面看似養好身，但對人對事經常性的發脾氣，身體才會帶來一些病，讓我覺得養身的同時，「情緒管控」這才是重中之重。

我曾聽母親說過一個例子，她年輕時利用假日在佛堂做志工，很單純把佛堂住持交代今天要完成的瑣事完成，然後就在中午吃飯完去洗碗的時候，聽到別的志工在討論八卦以及別人的壞事，這時候母親就不去聽她們說這些事，也不會參與其中。她認為大家來做志工是快快樂樂的，甚至認為他們都是同樣性質的人才會聚在一起，想說做志工順便交朋友，但幾次來佛堂幫忙之後，母親說有些志工在佛堂幫忙之餘，相互交談的內容不外乎八卦及別人的壞事，後面再聽母親說，有些志工轉述她們後面日子都過得不是很好，讓我想到，就像新聞上有些人表面行的是善事，結果背地裡沒有人看到的時候，會做一些壞事影響自己後面的人生，這樣是對自己有害的，而且還會禍延子孫。

不管平時養生或者去做志工都應該好好行事，唯有「盡人事，聽天命」[15]才是天理循環的道理。簡單來說，每天行事要三思後行，而且要「包容」以及「站在別人的角度」去順應事情，這樣才會有好的人生，只要做人做事不一致，就算平常養身及做善事，上天也不容許你有這樣的表現，一定會給你一點教訓，所以一定要謹言慎行外，也要以言行一致的理念去適應每天的變化。

　　心理其實也是需要養生的，就以我的軍旅生涯經驗，自己遇到不合理的要求，學長及長官都會說：這些訓練是來磨練你的，雖然有時訓練真的受不了，覺得很辛苦，但我會把這股磨練化為我以後做事情的必要準則，而不會因為自己遇到不合理的要求，以後同樣以不合理的要求放在後面學弟妹身上。自己的心靈應該化為一股「善」的力量傳授出去，這樣軍旅生涯中又會多一個幫助自己的人。人生中常常會遇到奇奇怪怪的事，其實就是鍛鍊自己的心理是否可以通過考驗，而不是將任何傷害、壓力和苦難又傳授給另一個人，這樣自己的人生也會常常得到不必要的麻煩。所以平時心理的養生是很重要的，但同時「情緒」一定有起伏的時候，這時一定要先考驗自己把它消化，再用好的態度去面對人事物，這樣的心理才會非常健全。

15　參考引自教育部，《重編國語辭典修訂版》，〈盡人事，聽天命〉，https://dict.revised.moe.edu.tw/dictView.jsp?ID=95002&la=0&powerMode=0

個人的氣場讓人舒服表示大運將至

　　個人的氣場如果旺盛的話，舉手投足都是讓人感到魅力的存在，這樣的氣場雖然強大，卻一點都不壓迫人，反而讓人身在其中覺得很安心很舒服，給人一種值得信任的感覺。其實從臉上的表情、氣色、說話方式、態度及行為可以讓對方一下感受到你的氣場不同凡響，甚至相處上會非常舒服。在人際關係中，一個大器的人能夠活得遊刃有餘，要提升個人氣場，不只得從外在的形象著手，更重要的是由內散發至外的改變，例如說話眼睛看著對方、別太在意別人眼光、不要老是苦瓜臉、別說別人壞話及雞毛蒜皮的小事等等，尤其是說話方式前要三思一下怎麼說比較對自己有利，不是看到什麼就說什麼。看到一個現象就要思考背後的成因，以積極正向的思維討論此事，這樣子說出來的話既不會得罪人，也可以保護自己，所以說話方式也是代表一個人的氣場，更是一門學問。

　　「說話方式」也是個人氣場的一環，我在軍中每天會跟很多同仁對話，有些人真的言之有物，讓你可以從他身上學到東西；有些人只是來聊一些八卦及別人的壞話，這樣我一定敬而遠之。從對方說話的氣場可以看出來，有些人就跟你的頻率相符，有些人就沒有辦法，除此之外，我跟長官呈報、跟同仁協調及跟部屬交代事情，表情不管在任何狀況下一定面帶微笑，還有接電話及說話方式一定非常親切，例如說某某你好，不好意思，請問有什麼我可以為你服務的嗎等等之類的，因為我知道有些同仁只要有壓力，表情通常不好看，說話方式也

會有點刺耳,所以我自己不管壓力再大,絕不會給人難看臉色,盡力保持微笑應對每一天。態度一定是看對方的身份,比我高的長官一定尊敬,跟我同輩的一定尊重,比我小的晚輩一定關愛,行為方式只要任何人跟我訴苦、抱怨等,我都以自身良好的氣場去影響他們,使他們的負面思考日益減少,因為我每天這樣保持良好的氣場,讓很多人對我信任及感到舒服,並且讓我感受到最深的是自己的品性提升。尤其每次有人跟我說話說到最後,我都會使用謝謝外加「感恩」這個用詞,這樣的結語方式我希望被其他人傳達給更多人,如果能將這種舒坦的感覺傳遞給別人,我相信做什麼事情都會無往不利。現在退伍後回想起來,關鍵就在服役期間,我把自己氣場每個階段的環節建立好,對人對事的方式都讓人感到舒服,在外面得以左右逢源。正如著名美國心理學家、情商專家丹尼爾·戈爾曼所言:「談話讓別人舒服的程度,決定著你所能抵達的高度。」[16] 尤其我在工作職場這麼久,不管別人對我說如何粗魯的話語,我絕對不會用不舒服的字眼再對其他人說,這樣的說話方式完全不會對我有什麼成就,說出去反而會讓人反感,所以我一定會把粗魯的言語消化後用舒服的字眼再對其他人說,這樣子無形中也可以得到對方的賞識,這樣的氣場提升才有機會得到貴人提拔。我建議你個人的氣場想讓人舒服,自己一定要建立好模式,

---

16 參考引自《marie claire 美麗佳人》〈別拿直性子騙自己,你是不會說話罷了!說話是一種能力,決定你能抵達的高度〉,https://www.marieclaire.com.tw/lifestyle/book/66021

過程中一定會有磨合期,當磨合過了就會形成一種氣場的規律,你的氣場就會不同凡響,而且行事風格就會大大改變,這種力量真的不容小覷。

察言觀色篇

觀察別人的優點,
好好吸取經驗

改變「說話的方式」可以提升自我的涵養

自小到大,每次聽到不管是自己或者別人父母常說的一句話:「你怎麼這麼笨,教了那麼多次,連這個都不會。」我心裡想:「如果我都會,還需要你來教嗎?」如果改變一下說話方式,說:「我陪你一步一步來,我相信你一定學得會。」這種說話方式的關鍵詞有「陪」和「相信」這二個字,用正向語氣來代替「笨」和「不會」負向語氣。父母的想法我已改變不了,但我自己一定要改變說話方式來對待部屬及晚輩,這樣一來提升自我的涵養,二來受到他們的尊重,將來對待任何人也是如此。所以,「改變說話方式」確實讓工作和生活上無所不利。

我曾經看過一篇專欄,內容提到美國作家卡蘿·杜維克建議父母告訴孩子[17]:「覺得數學很難,就表示你的大腦正在進步。」而不要說:「也許數學不是你的強項。」這句話真的打動我的心,說話的方式改變一下,讓孩子感受到這句話的溫暖,最重要的是學習效果每天進步。古人說:「良言一句三冬暖,惡語傷人六月寒。」之前我也會犯這個錯誤,當時擔任長官的侍從時,例如:我已經通知對方了,怎麼那麼久,時間都來不及了,等等會議就遲到了。通知責任在我的身上,因怕被長官責難,我用不好的口氣一直催促對方,對方也表示已經在路上了,馬上就到。這時,我應該改變當下的心態將想法轉變成:雖然我現在很急,但考量對方現在一定是路上塞車或者車子拋錨等等

---

17 卡蘿·杜維克,《心態致勝:全新成功心理學》,2019 年。

的情況，才會有那麼晚還沒到的可能，並轉換變成另一種話語：詢問對方到達會議室大約還需要多久時間，一定要注意安全；同時先回報長官，這樣我的責任就比較輕，對上及對下都不會得罪。所以講簡單一點，就是改變說話的方式會瞬間讓情緒平靜一下，說出來的話讓對方感受到是一句良言，而這關鍵點就是「換位思考」，面對當下混亂的場面，能沉得住氣緩和說出圓融的話語才是重點，將來絕對可以承擔更多的責任。現在回想起來，後來我改變說話方式，處事變得很有智慧。

　　另外，我覺得另一種改變說話方式，就是在某個對話情況，對方大約會問什麼問題、語氣的回覆及肢體的語言表達等等，美國加州大學洛杉磯分校心理學家艾伯特‧麥拉賓做過實驗得知一個結論，「說話者影響聽眾的要素（視覺訊息：外表、表情、儀態、眼神）佔55%，（聽覺訊息：音量、音調、語速、音質）佔38%，（語言訊息：內容、辭意）佔7%」[18]。從麥拉賓法則說的規則，雖然肢體表達佔55%較為重要，但我認為聽覺訊息佔38%，其實不容小覷，假設說話語氣的表情及儀態改變之後，音量及語速也要跟著改變，不能說對方表情及內容不對，就以說話方式、提高音量來表示自己是對的，而是要看懂對方表情及聽懂內容是什麼，以和緩的音量及語速來做回應，這樣不但對方心情上能接受當下的狀況，也能接受你做的建議。說話

18　參考遠見，〈不說話就贏的簡報術〉，https://www.gvm.com.tw/article/48108

的方式的確會改變「價值觀」，帶動「人生觀」，最後開創「世界觀」，這是一件非常重要的課題。

「鼓勵型罵人」方式有助於降低風險存在

在這世界上，不論在生活及工作的任何場所，「罵人」這件事每天都會上演，有些人被罵可以扛得住這股壓力，有些人會心情低落，有些人會想反擊，甚至有些人可能因此得到憂鬱症。但不管如何，這是一門學問，美國心理學家阿倫森曾說：「人們喜歡那些對自己表示讚揚、喜歡和鼓勵的人或物；反之，不喜歡常對自己貶抑的人。」[19] 意思即，人都是希望對方鼓勵及支持自己，而不是一直被罵得沒有價值，要從中找到這個人的優點。但我認為罵人應該要先了解對方的心理素質，絕對不能用言語詛咒和做人身攻擊，不然有時會造成對方情緒崩潰，所以要針對對方做錯的事情加以檢討，但一定要鼓勵及表揚，這有助於對方的成長，也降低辦公室相處風險，但如果情緒真的忍不住，要如何罵人呢？

我曾經看過主管罵人的方式，「這件事我已經跟你說怎麼做，你都沒有按照我的意思去做，還做的亂七八糟，明天就要跟對方老闆做簡報了，這樣怎麼取得信任並取得訂單，不管如何，晚上一定要趕出來，如果沒有弄出來，你就不用來上班了，等著回家吃自己。」這位部屬被主管罵完後，效率並沒有增加，而後來也因為簡報情況不佳，被老闆辭退，真的回家吃自己。我認為主管應該改變一下說話語氣，「這件事我已經跟你說怎麼做，你都沒有按照我的意思去做，還做得亂七八糟，明天就要跟對方老闆簡報了，這樣怎麼取得信任爭取訂單，

---

[19] 參考 MBA 智庫百科，〈阿倫森效應〉，https://wiki.mbalib.com/zh-tw/%E9%98%BF%E4%BC%A6%E6%A3%AE%E6%95%88%E5%BA%94

不管怎樣,晚上一定要趕出來,麻煩你了。其實你平時很努力付出,我還是很肯定你的表現,加油!」這位部屬突然眼睛一亮,主管這時改變他的「罵人」方式,說話內容前面是針對事情檢討,但結尾讓部屬感受到主管是很肯定他,所以他會繼續加班把明天的簡報弄出來。簡單來說,就是先貶後褒,這樣可以增加部屬的向心力,甚至還可以在其他工作上發揮創造力。我在部隊的時候,有些學長教導我的時候,都會用罵人的方式來磨練我,但還是會說出肯定我的辛苦的話語,所以長期在這種教導下,我的心境容易適應及開心,理解每件事都是有邏輯的方式,所以我教導後續進來的學弟也是如此方式,覺得軍中也是一個很好的訓練場所。

「鼓勵型罵人」方式一定要先貶後褒,人們不喜歡先褒獎後被貶低,這樣會使挫折感變大,而這種挫折感是很容易引起心理反感的,因此最容易於讓人接受的是方式是先貶後褒。可以先針對事情檢討,之後再用言語做鼓勵及支持,這樣員工普遍會接受的程度很高,包含我也是,在軍中事情沒有做好被罵或是長官罵我的時候,我除了聆聽教訓外,也看他是否在大眾下會直接指責我,不過在軍旅生涯中,大部分的長官還是選擇找我到辦公室說,讓我實屬安心,我想長官也是尊重我的自尊心。我的建議是要責備部屬前,應該要關起門來說,不要讓他在眾人面前很沒面子,因為要尊重每一個員工的自尊心,這樣員工才會願意為公司付出心力,這樣將員工留在公司的機率才會較高,而且在任何關鍵時刻會產生意想不到的價值。

對最親近的一等親最容易說話情緒「拿捏不穩」

最近聽了一個心理講座，題目是「高 EQ、人際力」，這個主題滿吸引我的。老師在演講的時候，其中談到要覺察及接納自己的情緒，其中最令我有感的一句話：「越親近的人講話都會越沒有禮貌，對外人講話真的很恭維。」就是因為每天生活在一起，懂得家裡每個人的情緒，知道底線在哪，所以說話方式有時候沒有分寸，而與外人因沒有生活在一起，不知對方的底線，因此說話會畢恭畢敬。所以有時看到一些關於人性的短視頻時，最常看到家中的人有自己的情緒時，是不適合一起合作家族事業，因為當裡面的利益很大時，容易變得六親不認和上新聞，這時容易看出人性。我開始覺察自我的說話情緒，可以說是從軍校這個時期開始改變。

其一，改變說話的情緒，就是從自己做起。因為家人是你最親近的人，最能改變的情緒是說「讓」這個字開始。我也曾經犯這樣的錯，在說話方式一直想佔上風，想急於表達自己的努力和小成就，因達成一個小成就沾沾自喜，一直不斷插話，這樣是不對的，所以被父親告誡我過於喜歡插話，且教導我所做的努力不必一直說出來，自己知道就好，而且說一次就好了，不用常常拿出來說，這會導致對話常常氣氛尷尬。現在回想起來，跟家人說話時應該拿捏分寸，跟對方對話時，先讓對方把一段話說完，不要急著插話，一定有機會讓你說話，你的努力可以被對方鼓勵和支持，這才是一種說話情緒的「禮讓」。說話的分寸一定要有，更為察言觀色，要能謹慎，這樣對方都會了解你的說話方式。在說話途中打斷別人說話或者急於反駁，一定得不到對方

的尊重。加拿大英屬哥倫比亞大學一位心理學教授 Han Li 的研究，分析出有趣的結果：亞洲國家的民族類似偏向「善意型的中斷」，因為急於給予認同或是提供建議及幫助，才會忍不住打斷對方。從此之後，我會覺察自己的說話情緒，在工作和生活的方式上都逐漸改善，而且每天都會用樂觀正向的心態過好每一天。[20]

其二，睡前反省一天話語。每天睡前去反省一天自己所說的話對家人有什麼影響，例如我會檢討自己對家人說話是否有不尊重之處，檢討與家人說話方式有無不對的地方，一天檢討一次，直到自己跟家人說話方式達到平穩。如果真有真理想急於反駁，也一定讓他們知道我的說話情緒是平穩狀態且拿捏分寸，倘若一開始即是大聲說話的狀態，家人會誤以為你在罵人，這會隨時影響周遭家人的情緒，所以我現在跟家人說話時，一定會三思而說，碰到想反駁或者急於表現的事情，先大口呼吸冷靜下來約 10 秒，用一種能讓雙方心情都能平穩的方式與語氣做對話，這樣會產生好的循環，變成一種生活習慣，我相信這樣的人生一定會順風順水。

---

[20] 參考軒言文創，〈別讓「插話習慣」成為溝通殺手〉，https://soundshine.com.tw/article2019008/

將「謙虛的態度」融入職場，是有助於提升工作品質

從國中畢業後我投入軍校的行列，到現在有二十五年餘了，雖然讀書和工作都在軍中，但讓我感受很深刻之處是到一個新環境如何學習與人相處，如何培養工作氣氛，這是讓我成長最多的環境。我在一則短視頻裡看過一句話，就是「在工作單位，有些人恃才傲物，後來轉到別間公司也是一樣態度，後來就再也不工作了，在家啃老。」我在想，很多人在工作上有才卻無德，尤其在歷史劇中，每個朝代都有位恃才傲物的人物，會亡國都是因為做不到謙沖自牧。現代工作職場也是如此，如果沒有以「謙虛的態度」應對職場，吃虧的往往是自己。

在美國心理學家羅門・艾許所做的「從眾實驗」中，發現有些人情願追隨群體的意見，即使這種意見與他們從自身感覺得來信息是相互抵觸[21]。其實就是在群體之中，去遵守自己認為不對的答案。職場文化也是如此。一開始我進去部隊工作時，由於師徒制的關係，資深的一群學長就是要我先用「謙虛的態度」融入相處的對象，這些學長們有些人有才能，但並非每件事都教的對。我工作多年的經驗是學長做的不對就反駁，也許工作的「偷吃步」是縮短工作的工時，但其實這樣是不對的，要按照工作的 SOP 來做才正確，可以將學長好與不好的地方都學習起來，消化變成自己的經驗，我教導學弟要用正確的觀念指導其他學弟。所以當你已經看出問題，切記這時候一定要謙虛，學

21　參考引自 MBA 智庫百科，〈群體壓力〉，https://wiki.mbalib.com/zh-tw/%E7%BE%A4%E4%BD%93%E5%8E%8B%E5%8A%9B

長問話時才回答，不要到一開始就當著大家的面急於表現出你看出的問題，不要讓學長認為是「你這菜鳥教育我這個學長」，而是私下建議學長這個問題可以如何解決，否則會讓他們覺得你標新立異。另外，在「謙虛的態度」融入群體的時候，學習觀察哪位資深幹部是值得你學習的對象，並非每個人都是優秀的人才，有些學長就是在面對大風大浪時，做事情沉穩並以正確的觀念行事，這類學長就值得學習，有些學長本身工作是真的在混。所以初入職場不要學習壞習慣，而是要想著如何能讓自我提升才比較重要。

我聽到及看到很多人初入職場時因眼高手低、不滿意工作現況以及恃才傲物，而不斷的在換工作，甚至有些人在家啃老，這些都是在沒有調整好心態的情形下，就直接進入職場，想說應該是每天順順利利的，結果一次次被罵之後，結果就不願再去工作，人生就因此錯過很多原本應該屬於你的黃金時代。一些可以在公司擔任「中高級的幹部」，一定是從一開始的菜鳥融入群體、適應工作，但在工作中秉持「謙虛的態度」融入職場，才能達到好的工作品質。所以我建議每個要進入職場的新生兒一定要學會歸零心態，像一塊海綿吸水，能張能縮，學習每個階段的精華，以「謙虛的態度」融入群體，吸收好的工作經驗，才能解決更多潛在的問題，貢獻給公司做經驗分享。

「瓦拉赫效應」的潛能是有機會成功的

之前看過一篇專欄寫到「瓦拉赫效應」，這是人才心理學的一個名詞。源自於一個小孩名叫瓦拉赫，他在求學階段，先是選讀文學，但成績不理想，後來去學油畫，但也沒有繪畫的天份，直到選修了化學，他的潛能才被激發，成績突飛猛進，更在 1910 年獲得諾貝爾化學獎[22]。自有記憶以來，在我的求學階段中，我發現只要與數學及理工科目有關者永遠都不及格，但對歷史、地理及公民與道德相關文史這樣用背就有分數的科目較有興趣，尤其歷史是我最擅長的科目，我曾勵志想當歷史學家，想好好去研究更多歷史有趣的地方。最快樂的時期就在國中三年學習歷史的時光，可是環境、時間，還有升學都是我的壓力，環境不允我走這行，因為當時家裡較為困頓，沒有錢再繼續支付我的學費，所以迫使我改走另一條路去讀軍校，為了就是可以撐起家計，讓家裡的生活可以過好一點。讀了軍校，培養我最棒的地方就是磨練堅強的意志力以及將事情做的有條有理，也因為軍校對我的照顧，讓我可以學習更多事物。現在回想起來，心理、環境及時間軸會破壞原本你有興趣的事，去另外的環境後再選擇可能對你有激發潛能的事情，所以上天注定我加入軍校的行列，勢必是要我在這個環境鍛鍊自己，成為一個更好的自己，有餘力可以去協助更多人，改變我的人生軌跡。

---

[22] 參考自 MBA 智庫百科，〈瓦拉赫效應〉，https://wiki.mbalib.com/zh-tw/%E7%93%A6%E6%8B%89%E8%B5%AB%E6%95%88%E5%BA%94

所以我進軍校之後二年，也影響弟弟一起加入軍校的行列，這是一件我在軍中覺得很欣慰的事，也是對父母有所交代。後來在軍中，我發現我對「激勵」這件事很有潛能，因為我常接觸到不管同學及晚輩，只要心理有想法的都會來找我討論，再加上我喜歡觀看「激勵」的演講，也喜歡看短視頻及 youtube 的影片，只要是名人的激勵演講，我就一直重覆的看，深深的著迷，對自己說將來有機會可以去演講給大家聽。所以從讀軍校開始，放假的時候喜歡去書店大量找勵志的書籍來看，一直到現在，這個習慣沒有改變過。剛好有機會回軍校服務的時候，有遇到一次機會是學校舉辦教官甄試，我就跟組長報告說我想報考，組長同意我去甄試，然後我就著手準備試講試教的教材，並做成簡報，不斷練習上台試講試教，以及回想以前上過的教官的課程，學習他們在台上穩健的台風。到了試講試教的那天，我記得上台還是些許緊張，因為台下是四位上校組長以及準備上台試講試教的教官共同聽我教課，但我還是保持不疾不徐的將每一張簡報以簡單扼要的方式講出，獲得組長們的肯定。那時候我就發現「演講」也是我的潛能開發，再加上我很喜歡激勵這件事，更想把它當成一個工作，所以我才寫出這本書，希望退伍後有機會到各大專院校去做「激勵演講」這件事。就如同「瓦拉赫效應」一般，人生一定會在某個環境、時間及其他因素下激發你的潛能天賦，請相信我，只要生而為人，就有機會做得到，你一定可以找到屬於你自己的潛能。

「被罵的藝術」可以訓練如何因應及修正自己的行為

自小到大我常常因為事情沒有做好「被罵」，現在回想起來，我被罵的時候有兩個時期改變我的「被罵」觀念，變成積極正向的態度：

第一，從小到去軍中前，因為做錯事害怕被罵，我常常用「騙」的方式去「圓」我的被罵，例如母親問我功課寫完沒，我就騙說寫完了，還有偷錢說是弟弟偷的諸如此類的事，被父母拆穿我的伎倆後，我被罵得更兇，甚至還會被打。當我發現我被罵的次數好像越來越多，開始認真思考不能欺騙長輩，然後檢討自己的行為，減少被罵的次數，當然被罵當下心中真的不愉快。為了要緩和「被罵」之後的情緒，我除了跟父母說聲抱歉外，還反省自己不對的地方，後來心裡還真的舒坦很多，有益無害。

第二，進去軍中的時候，有很多事情不懂，一定會被長官及學長教導，「被罵」是家常便飯。有一次我同學因為事情沒有做好被罵，過程還滿好笑的，也讓我學到經驗，學長罵我同學的語速太快，根本聽不懂在罵什麼，結果他在公開場合跟學長說可以把罵人的速度放慢一點，不然聽不懂罵什麼，學長頓時更火，罵得更兇。現在回想，我同學沒有在公開場合給學長台階下，雖然這樣的回覆方式是不對的，但我逆向思考後，原來「被罵」還有這樣的因應方式，這樣其實是滿有勇氣做應對的，讓我對同學感到佩服。而我是屬於乖乖牌，不管是誰罵，我都是說：「我下次會注意到或者說下次不會再犯。」不敢像同學這樣跟學長應對方式，所以從我同學的這件事讓我學習到可以「適時」的回應學長，但不能在公開場合讓學長下不了台階，而是先被學

長罵,然後在私底下問學長說「剛剛我是哪裡表現不好?是有做錯什麼?」用「私下溝通」跟學長應對,這樣會讓學長覺得你在自我提升。所以從此事,我也產生積極正向的想法。

　　上述二點除了心情得到適當的發洩以外,還可以去找罵你的人了解原因,這只能透過一次又一次的經驗,才能當下釋懷。其實說真的,很多人在「被罵」的時候,都會被「語氣」及「表情」給嚇到,就會聽不清楚被罵的「內容」以及對方表達的用意。有時候覺得自己的立場是對的,但卻「被罵」,為了大局,先給對方台階下,再私下溝通,這樣還會跟對方建立友好的人際關係。無意間有一次看到一篇專欄,正向心理學之父馬丁·塞利格曼的研究顯示,當人們認識到這項困難是「暫時的」錯誤或者「不是因為自己的錯」,也「不會毀了我的生活」時,可以維持身心的健康,恢復力也會增強,同時可以釋放不滿的情緒[23],跟我之前被罵的經驗真的不謀而合。所以建議你下次可能做錯事情「被罵」的時候,可以用我的方式試試,說不定會有不錯的好事發生。

23　參考自 104 職場力,〈挨罵的智慧:被老闆罵,先用這句話滅了他的火〉,https://blog.104.com.tw/how-to-do-when-feel-blamed/

「父母在,不遠遊,遊必有方」,
現代可用交通及手機解決父母的疑慮

孔子說:「父母在,不遠遊,遊必有方。」[24] 意謂父母健在時,不往遠處遊學、不在遠地擔任官職;假使不得已要遠遊時,所辦事情要正當,所到地方也要有固定的處所,並讓父母知道以免牽掛。以前農業社會,在交通不甚發達的情況下,因大部分的家庭都是務農,且父母終有一天會老要交接給孩子,所以認為小孩不用讀太多書,把在家裡種田當成工作及生活;但後來時代慢慢發展後,很多城市的小孩連田裡的工作都沒有機會碰過,父母轉而跟小孩說讀書很重要,將來取得功名,就不用做粗重活的工作。我看到一種現象,小孩很會讀書,需要出遠門考試,獲取功名後,就可以在當地找到好工作,讓父母親榮耀,我相信這是每個家庭父母所期盼的事情。但另外一種解讀是城鄉教育差距過大,現在大部分孩子去城市讀書接受教育,不過這也會讓父母擔心子女在城市裡的吃住以及在校學習等等。現在交通很方便,我相信很多父母都會搭高鐵、台鐵及客運去城市看看孩子的生活情況。還有,因城鄉就業情況差距過大,鄉下的就業機會比城市少,很多小孩為了讓家庭的情況越來越好,在城市完成教育後直接選擇留在都市工作。我認為現代人對於孔子的疑慮除了前述的交通可以解決外,還可以用智慧型手機跟父母報平安,開視訊跟父母互動,讓父母看看你

---

24 參考文化精華每日一詞,〈父母在,不遠遊,遊必有方〉,https://www.ourchinastory.com/zh/1856/%E7%88%B6%E6%AF%8D%E5%9C%A8%20%E4%B8%8D%E9%81%A0%E9%81%8A%20%E9%81%8A%E5%BF%85%E6%9C%89%E6%96%B9

的樣子,讓父母感到安心及放心。我也是過來人,當時為了讓家裡的情況越來越好,我就投入軍校的行列,離開屏東至岡山,那是我第一次離開家裡,但在軍校我一定要住宿,平常休息時間一定打電話跟家裡報平安;畢業後,又從岡山至台東,離家裡就比較遠了,那時我平常工作完若有時間,就打電話回家,或利用休假搭火車回家看父母;接著,我有幸去台北擔任長官侍從的職務,離開家裡更遠,不過那時候智慧型手機就問世了,放假在台北沒有回家時,我就利用視訊跟父母報平安,所以真的要感謝這些科技的發明,把人與人的距離拉得更近。雖然智慧型手機已較以往方便,但現在交通更方便,為了要讓父母更放心,你可以回家讓父母看看你的氣色,分享你工作的實況,還有最重要的是讓他們感覺到你的氣質不一樣。其實我很佩服我的朋友,如同很多父母一樣,都希望子女能跟世界接軌,不得已將子女送出國,他們的小孩在美國讀書與工作,是以「年」計的方式回家見父母一面。不過現在智慧型手機真的很方便,無論你在天涯海角,只要有訊號的地方,打電話或開視訊就能跟家人對話。

美國人類學家愛德華・霍爾說明父母與子女之間的親密距離是約四十五公分[25],我認為親密距離等同我們跟父母的視訊距離。雖然孔子的想法很好,能在家鄉工作及生活上陪著父母是一件很棒的事情,但

---

25 參考淡江時報,心靈花園,〈人際距離〉,https://tkutimes.tku.edu.tw/dtl.aspx?no=52501

我建議在現代一定要到各個地方去走走看看,增加「世界觀」,但一定要做正確的工作,「男兒志在四方」猶如我現在的寫照。但因為不得已要出遠門,除了利用便利的交通回家看看父母外,也可用智慧型手機解決父母親對孩子在外的操心,讓父母親知道你可以遇到幫助你的貴人、找到一份好工作、有一個固定的處所,還有一個美好的人生。

「自我解嘲」可以減低任何風險

我在不同單位歷練過一些職務,所待過的辦公室當氛圍低迷或者大家心情不好的情況下,例如大家都忙到不講話或者辦公室同仁心情不好,我會突然神來一筆,暴露自己工作上的缺點及幽默搞笑,讓辦公室同仁笑開懷或者吐糟,瞬間化解凝重的氣氛,這時我也會感到非常輕鬆,所以我很願意做辦公室的開心果,自娛娛人。自我解嘲,換句話說,指個體在遭到挫折,處境困難或尷尬的境地,用發笑說俏皮話等幽默方式進行自我解嘲,讓自己擺脫困境、無傷大雅又可解除難堪的局面。如果是我自己因工作沒有處理好被長官責難,心情當下不是很好的情況下,我會將剛剛的不好壞情緒丟掉,因為接下來我還有工作要繼續推展,如果把情緒帶到下個工作,一定諸事不順,所以我絕不會把情緒帶給下一個人事物,而且盡量在辦公室保持幽默的搞笑讓辦公室氣氛變好,這樣對我來說也會轉變心情,辦公室同仁亦是如此。在家裡,我也是如此幽默搞笑。我的想法主要有二個好處:第一,自己說一些搞笑的話語笑一笑很開心,不但可以增加工作的動力,還會讓自己當下的心態保持積極正向的想法,可以克服種種壓力;第二,讓別人笑一笑,組織的向心力會瞬間提高,能得到辦公室的同仁更多協助。如同俄羅斯心理學家庫斯洛曾說:「示弱就是自暴缺陷和弱點,展露寬廣的胸懷和謙虛的態度。」[26] 所以我用「自我解嘲」的方式,來做為是心靈溝通最有效的方法,引起對方注意,使對方產生情感的共

---

26 參考嫩胖網,http://nenpang.cn/du-zhe-dan-ding-feng-xiu-fang-guan-yu-zi-ji-d.html

鳴。其實就是用謙虛與虛懷若谷的態度來解決辦公室的凝重氛圍，並提高工作效率，甚至減低工作上出錯的風險，以轉移焦點或緩和氣氛，這一切一定要從自己的那顆自我解嘲的「心」做起。

「自我解嘲」需要看場合，當然是觀察一下大家此時此刻的氣氛，如果大家的表情不是在難看的情況下，就可以好好發揮；如果在氣氛詭異的情況下，要先了解剛剛是發生哪種情形，用關懷代替自我解嘲，才不會適得其反。所以，一定要考量當時的「狀況」、「氣氛」、「時機」後，才能在辦公室做「自我解嘲」的動作，這樣才是處置得宜。台灣文學家林語堂在《論語朝》曾說：「懂得解嘲的人，生活會更幸福。」他最名的一句話是：「人生在世，有時候笑笑人家，有時給人笑笑。」[27]所以我在任何單位工作，都會保持這樣的信念，常常面對人就先「微笑」，就算我的心情在不好的情況下，我還是保持「強顏歡笑」，至少先讓對方覺得你第一印象是好相處的人，因為我相信一句話：「笑口常開，就吃得開。」我在軍旅生涯擔任長官的侍從，跟隨長官期間，不管在任何情況下經常保持笑容，無論酸甜苦辣，都是如此方式。我相信一句話就是「伸手永遠不打笑臉人」，才有機會得到長官的賞識，因為你是積極正向的態度，吸引的人事物就是越來越好。所以建議你有時候可以採用我的處世方式試試，說不定還會讓你意想不到的驚喜發生。

27　參考每日頭條，〈林語堂：人生在世，還不是有時笑笑人家，有時給人家笑笑〉，https://kknews.cc/zh-tw/culture/5rl9o4k.html

創立豪運

電影〈阿甘正傳〉演出的橋段是現代人生的寫照

　　〈阿甘正傳〉這部電影是一九九四年上映[28]，內容敘述阿甘因智商七十五，差點低於正常水準無法到公立學校讀書，在學校也經常被同學欺負，但是他抱持著一顆「善良的心」真誠對待每一個人。我覺得電影當中有三個橋段，是值得我們學習的榜樣：第一，當阿甘去當軍人到越戰出征，答應同梯的一位弟兄戰後退伍一定要一起捕蝦，沒想到同梯弟兄在戰場上陣亡。另外，也奮不顧身的救回他的連長，但連長因傷重被截肢，一直責怪阿甘為什麼要救回他，認為戰死在戰場上才是光榮，而阿甘回答連長說只要他能救的一定要全部救回來，但那位連長還是不領情。當阿甘退伍後要實現同梯弟兄的夢想去捕蝦，需要幫手的時候，想不到傷重截肢的連長竟然跟他一起去捕蝦。船隻到近海捕蝦，剛開始沒有什麼收穫，轉到遠洋去捕魚蝦，然而卻遇到天氣非常不好，在阿甘跟連長的堅強毅力下，躲過狂風暴雨，讓船隻能平安回來，同時還收穫很多蝦子。這件事還因此上新聞，一戰成名，將捕蝦賺到的錢分給一起去打越戰的同仁遺孀，讓他們的家中生計維持下去。這就是戰爭前後阿甘始終抱持尊重長官、跟同仁保持革命情感，以及說到做到的一股傻力量。第二，阿甘的情人珍妮喜歡享受到處流浪的生活，當個流浪歌手，在相遇過程中珍妮曾傷害阿甘，而阿甘在每一次的相遇皆付出百分百真心，最終還是抱得美人歸。第三，

28　參考自維基百科電影，〈阿甘正傳〉，https://zh.wikipedia.org/zh-tw/%E9%98%BF%E7%94%98%E6%AD%A3%E4%BC%A0

阿甘在軍中會打乒乓球，長官告知：「只要盯著打就好。」阿甘就真的聽從長官的建議，打的非常出色，變成國家代表隊，甚至打到奧運比賽得名。

這三個橋段告知我們人生有的時候要帶點「傻勁」往前衝，讓自己的潛力被激發出來。雖然這部電影至今三十年了，有線電視時常亦會重播，每看一次就會增加我生活及工作上的動力，從「阿甘」的精神中發現「善良的心」。阿甘不計較、不顯露情緒、不抱怨與在這世界努力生活的個性，其實要歸功於阿甘的母親，她跟阿甘說：「你跟其他人都一樣，沒有區別。」母親相信讓對兒子放手去做，一定有所作為。如果以現代，以阿甘的智商，很多父母親會唯恐對孩子保護不夠，怕他不懂得如何和這個社會相處，絕對保護的非常好。

曾有一篇專欄寫到，一個人事業上的成功，其專業智識或技能只有百分之十五的作用，而其他方面百分之八十五的作用都與「傻勁」有關，所以與電影〈阿甘正傳〉一樣，一個「傻子」的智商，做出很多正常人做不到的事。所以我在軍中有時候就一股腦兒的一直將工作做到最好，我所學到的工作經驗，一定毫無保留的教給學弟妹，我的經驗讓他們可以少走很多冤枉路。因為我自己的這個傻勁，才獲得貴人提拔到長官身旁學習。我更相信有時候不去計較得失，只要每天憑著一股傻勁且積極正向的心態往前走，有一天一定會風生水起。所以我建議你有空可以再回味〈阿甘正傳〉這部電影，從這部電影可以找到你的阿甘目標。

發自內心的「讚美」有助提升雙方的身心發展

我從小到大很喜歡受到別人的「讚美」，我讀書不是很厲害，不過拿到最多的就是進步獎，寫作也曾得過獎狀，被讚美的當下是滿愉快的，而且瞬間有眾星拱月的情況，但是我後來回想，以前的「讚美」養成我不好的習慣，當我看到別人也有好事發生，就不太會去讚美對方，見不得別人比我好，甚至還會產生嫉妒，而且我是會用一種高高在上的態度去刺激對方，無形中與對方產生隔閡。所以現在回想起來，我的吝嗇讚美容易影響我的身心發展，直到在軍中決定要拋開不成熟的表現，我曾在軍中讀書考試前三名頒獎被讚美後，都平心靜氣的對待，不以物喜、不以己悲，而且還會鼓勵同學也可以做得到，也會適時讚美對方的長處，就是「相互讚美」。其實要好好讓自己的嘴巴多說一些讚美的話語，對方心情瞬間會變好，我也是因這股「讚美」的力量使自己心情變好，每當有人有好事發生的時候，我就開始讚美對方的長處，讓對方覺得我是誠心的讚美對方，「讚美」的力量有「如虎添翼」般的加持，讓你每件事都可以發展順利，使我覺得「讚美」這股力量是不容小覷的。

美國心理學家羅森塔爾教授說過：「對他人的讚美能夠顯著的激發他人力量。」[29] 有一天我開車聽到一個廣播，這個廣播採訪的對象是一位女性的教授，同時也是作家，她說到她母親覺得女孩子真的不需

29　參考引自女人迷 Womany，〈給大人的心理學：正確積極的暗示，能夠激發你的潛能〉，https://today.line.me/tw/v2/article/XKa35k

要讀那麼多書，抱持這種傳統觀念看待她的女兒，女兒終於念完博士當教授也並沒有很開心的感覺，反而支持的是她的父親，後來一件事使得她母親竟然反轉這情境。有一天，母親突然找女兒很開心的說了一件事，就說我的鄰居小孩竟然在妳的班上，多多關心他的功課及生活需要幫忙的地方，使得她女兒很平心靜氣回她母親說：「我了解，我會多關心她的功課。」結果她母親對這個讀完博士當教授的女兒就開始表示讚美，對她的女兒另眼看待。這時讓我認知到一件事就是，建議無論一件什麼事情發展出怎麼的結果，可能你（妳）的想法很傳統，跟大部分的人都一樣，女孩子讀書那麼高幹嘛，以後還不是要嫁人，無形中你不知道鄰居的小孩，就在自己女兒班上，對母親這樣傳統的人是一件不得了的事。所以我認為一開始母親就要鼓勵女兒，已經功成名就就要給予適當的讚美，這樣的讚美才會有功效，使雙方的互動能夠更上層樓。另外我覺得最受益的地方，是給予對方內心的讚美後，從對方的努力特質中找到自己想要發展的目標，可以少走很多冤枉路，例如我會讚美對方是讀書考試都優等，怎麼做到的，他就會分享這件事其中的奧秘，因為我也會碰到這件事，所以學習讚美還能從中獲得對方成功的奧妙，也可以從中學習對方做事的眉角。所以「讚美」這件事可以提升自己的魅力，還可以去影響他人。建議不要吝嗇自己的嘴巴，看到別人每個階段的過程，不管剛起步，或者起步中，而且不管結局如何，別人只要有表現努力的過程就給予讚美肯定，這樣雙方也能受益良多，有益雙方的身心發展。

我所接觸「退伍」的軍士官都是人才，找到屬於他們的舞台

我待在軍中將近二十五年的時間，看到因為服役時間到而退伍的人來來去去，那時候我深深覺得這些軍士官退伍出去，每個人都是人才，將來在社會上一定有一番作為，因為他們本身在軍中就很積極向上，長官交代的事情都能如期達成，但因為還有遠大的夢想，想出去外面闖看看，所以服役時間到就辦理退伍。有的人就是過一天算一天的過日子，最大服役的年限到了，退伍出去常常碰到工作不如意，甚至還想再回到軍中繼續服役。另外有些退伍的軍士官本來還想繼續做下去，但迫於環境及人為無奈，要回家照顧年邁父母或者接家族事業，還有一種狀況，就是軍官有年限限制，如果時間到還沒有升上一階，就一定得退伍，士官就沒有年限限制，可以做到五十八歲[30]，重點是，不管是因為什麼因素退伍的軍士官，在我眼中他們全部是人才，可以將軍中所學到的技能延伸至民間做出貢獻。我之前看到一篇專欄，寫到西點軍校栽培出一千多名企業公司的 CEO、兩千多名副總裁、總經理等高階管理者[31]，發現關鍵的地方是軍校所受的教育就是服從性及執行力非常高，再加上意志力及不服輸的性格，驅動這些軍中服役時間到、退伍出去延伸另一個行業的佼佼者。之前我跟一位退伍的同學聊天，目前他在台積電當員工，我就好奇問他怎麼進台積電，他就跟我說到，剛退伍的時候，在桃園一間電子公司當員工，然而每當老闆問

30　參考全國法規庫〈陸海空軍軍官士官服役條例〉，https://law.moj.gov.tw/LawClass/LawAll.aspx?pcode=F0040020
31　溫亞凡，《從菜鳥新兵到 CEO：地表最強學院，美國西點軍校的 22 堂課》，2020 年。

一些可能員工不太想做的事情，我這位同學就跟老闆說全部撿起來我來做，也就是別人不想做的事，他就跟老闆說我全包了。所以我同學就在這間公司做出努力，被老闆提拔，推薦他去台積電上班，讓我見證到軍中培養意志力、毅力及耐力等訓練，未來在各行各業都有機會嶄露頭角，所以我認為，不見得一直在軍中才會有好的發展，有些人的特質適合在軍中發展，有些人的特質是適合在外面發展，重要的是，他們今天退伍所做的決定，就是將自己放在對的位置上發揮其功效，才能對國家做出不同的貢獻。

美國心理學家維克多‧弗蘭克教授說：「每個人一生都有他自己的任務或使命，使每個人必須完這個特定任務，人生才能圓滿。」[32] 從教授的這一段話語中可以了解，每個人是一定有特定的任務來到世上，例如工作的本質或文化；軍中工作文化也是其中之一，要經歷一些辛苦的過程才能找到屬於自己的舞台，才有使命真正的意義。所以我認為來到世上不一定一次就能完成特定任務，而是不斷摸索自己的性格，才知道自己的需求是什麼。我認為軍中不見得每個人都做到二十年的時間領月退俸，而是可以在軍中摸索經驗，退伍到了外面之後，繼續為社會做出貢獻。我在去年三月也退伍了，我在退伍前就想完成屬於自己的一本書，讓更多人因為我的書而改變他們的人生，奉獻給這個

---

[32] 參考引自閱讀筆記，〈活出意義來〉，https://jamesshieh.medium.com/%E9%96%B1%E8%AE%80%E7%AD%86%E8%A8%98-%E6%B4%BB%E5%87%BA%E6%84%8F%E7%BE%A9%E4%BE%86-88468cf2ff42

社會。我的建議是,你現在不管是在做什麼工作,可能你會喜歡,也可能不喜歡,總之就是要定位好自己的需求,不管在哪工作,一直繼續奉獻心力就可以一次到達定位,找到自己的舞台。

貴人篇

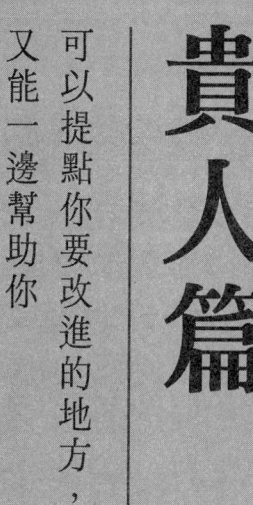

可以提點你要改進的地方,又能一邊幫助你

「突如其來的變化」也可以達到人生的目標

　　有時候生活變化是突如其來的，因為人生中有太多不可預期的變化了，能做自己喜歡的工作到老是很不容易的一件事。常聽到周遭的朋友或看到短視頻一種生活現象，本來在國外工作或讀書的狀況一直都很好，結果家中突然發生變故，使得本來正在進行的目標就無法繼續，被迫放棄工作或繼續念書，回國處理家中突如其來的狀況，有些狀況可能要花好幾個月或好幾年，這種情況就是瞬間突如其來，無法招架。家中的突發狀況雖然已處理完，但若要回到原本的工作或讀書，可能已經沒有太大的動力，尤其是家人和朋友希望你繼續留下來，被迫改用其他方式生活，所以只得借用以前在國外做的事情重新在自己的城市重新創業。除此之外，我也看過因為公司裁員，有些人回到家鄉除了照顧父母，可能被迫轉業，把自己在公司所學的拿來創業。所以我看到很多人原本在國外或者國內有自己的一番事業體或準備拿到學位了，在不可預期的情況發生後，人生很難再次回到原本的軌道上，但我看到面對突如其來變化的這些人，心裡總想要有一番事業，這些也是為了自我實現的目標繼續奮鬥下去的動力。

　　我曾經也碰到這種情況，從部隊調回軍校的時候，那時候可以離家比較近，有機會陪陪家人，也有機會擔任教官的職務，而且還有進修的機會，一切我都很珍惜。但在軍校服務四年半時，因有長官需要侍從，後來挑到我，那時候我也考量了一下，這下離家也遠，也沒有辦法陪家人，而且擔任教官的職務要先中斷，甚至讀博士班的路也要暫停一下，但後來我還是答應了，畢竟跟著長官有機會可以升官，而

且看的人事物視野可以非常寬廣，有一種可以見樹又見林的感覺。後來回想我得出一個結論，就是「魚」與「熊掌」永遠不可以兼得，因為突如其來的變化，會迫使你要放棄一樣你喜歡的東西，去重新適應另外一件事物，獲得不同的目標。

所以，人生中常常有不可預期事情的發生，但危機就是轉機，自己想完成的事有可能先行中斷，然後處理危機後，才有機會做你想完成的事。美國加州大學歐文分校心理科學、醫學和公共衛生教授羅克珊·科恩·西爾弗博士也認為，「很多人一生中都會遇到一些不順心或意想不到的逆境」，她說：「當人們成功渡過這些新的人生逆境時，他們很可能會了解到一些自己之前沒有意識到的東西。」[33] 渡過人生一些不如意的時候，其實就是意識到自己的弱點，其實這是一件好事，因為逆境中可以隨時隨地調整自己，但還是要保持正面積極的態度，即可以了解自己以前沒有意識到，轉換成不同的生活學習方式，也可以達到人生的目標。

33　參考引自紐約時報中文網，〈在這個動盪時代，如何自我調適、迎接挑戰呢？〉，https://cn.nytimes.com/style/20200910/how-to-cope-when-everything-keeps-changing/zh-hant/

「他鄉遇故知」，通常是有緣再次遇見志同道合的朋友

　　《神童詩‧四喜》[34] 中稱人生有四大喜事：久旱逢甘雨、他鄉遇故知、洞房花燭夜、金榜題名時，其中之一就是「他鄉遇故知」。《神童詩‧四喜》為北宋一個叫做汪洙的「神童」所賦，描述古時因交通及聯絡事情不便利，往往要靠信件傳遞，有時候想見的朋友可能要花上好幾年才能在異鄉再次相遇，真的很不容易。能在茫茫人海遇見知己是很感動的，主要能讓你再次想起知己原因是對方曾經協助你一些事，讓你成長，囿於種種原因彼此各奔其他城市奮鬥，所以要再次見面真的很難，會列入人生四大喜事是很感動的一件事。現在，科技已經解決「他鄉遇故知」的問題了，比如在 FB 竟然可以找到你以前久而未見的朋友，或者直接用 Line 打訊息或打開視訊通話給想聯繫的朋友，就可以做得到，這都是可以讓人與人之間再次相見的方式。科技真的始終來於自於人性，真的見到科技的偉大，由衷佩服發明這套軟體的美國 FB 創始人馬克‧祖克柏 [35]，因為這個軟體的現世，改變了人與人所謂「科技遇故知」的喜事。

　　我在軍校畢業第六年後回到自己畢業的軍校服務，擔任助教的工作，當時一般手機方便，雖然智慧型手機還沒有出世，但仍是可以用電話聯繫想聯繫的同學，較麻煩的是對方的電話號碼一換就會產生失

34　參考自百度百科，〈四悲四喜〉，https://baike.baidu.hk/item/%E5%9B%9B%E6%82%B2%E5%9B%9B%E5%96%9C/2738142
35　參考維基百科 <馬克‧祖克柏>，https://zh.wikipedia.org/zh-tw/%E9%A9%AC%E5%85%8B%C2%B7%E6%89%8E%E5%85%8B%E4%BC%AF%E6%A0%BC

貴人篇：可以提點你要改進的地方，又能一邊幫助你

聯現象，可能要透過同學的其他朋友才能要到對方的電話號碼。我都是在軍校遇故知較多，舉例來說，我服務的軍校有一個軍事教育是需要回流的，因為需要完成受訓取得證書才能升遷，那時候正值我們期班同學輪流回來軍校受訓，曾經有幫助我的同學也在裡面，有種「他鄉遇故知」的喜事發生。另外，有一次跟長官出差去新加坡，在吃飯時偶然聽到旁桌在講客家話，讓我覺得這口音就像我父母平常在對話說的，讓我感到好奇，詢問下才知他們是屏東客家鄉親來新加坡旅遊的，所以碰到同鄉又會說客家話，真的有感動的感覺，因為客家人口比較少，能在國外聽到有時候會很好奇也很感動，才體會出「他鄉遇故知」不只用在異鄉再次相遇知己，遇到同鄉講自己的方言也可以有這種感受。所以，不管是以哪個地點或方式遇到這件喜事，都是上天注定好你有機會遇見志同道合的朋友，當你遇到了，一定要好好珍惜這段緣分，而且說不定裡面有真的是來幫助你的貴人。另外，我曾經跟隨長官時，剛好與在軍校我曾帶過的一位學弟，在長官的女兒婚禮上相認，當時學弟是跟長官女兒那邊有朋友關係，而我是跟長官的侍從，所以在異鄉重新相遇，真的滿感動的，這也是一種「他鄉遇故知」的情境。

　　總結，我相信「他鄉遇故知」中遇到的大部分都是志同道合的朋友，因為都是曾經幫助過你的人，或者你幫助過他們，雙方才會在某個時間相遇。但當遇到一些不喜歡的人，就點頭釋出不失尷尬的微笑，因為道不同不相為謀，不見得「他鄉遇故知」全然是喜事，但重要的

75

是遇到了，有機會就好好珍惜一段緣分，也許這位知己是你的貴人，可能開啟你一段不凡的人生。

「一人得道,雞犬升天」,其實「雞犬」本身也需成長

很多家庭因為好幾代祖先德才兼備,常常會出現一個足以光耀門楣的孩子,有可能是國外運動比賽得冠軍、著作得到國際肯定,或是當了公家機關及企業公司的主管。家裡出現這樣的小孩,會讓家中其他成員覺得很光榮,但我發現過度依賴獲得幫助,導致自己不去努力及成長,這就成為不健康的「依賴關係」。例如,我看過一個短片,內容提及香港歌手劉德華[36]的大姐及張學友[37]的哥哥,這兩位的親人都有異曲同工之妙。當時他們兩位在香港歌唱界有一席之地,而且跨界去演戲,荷包賺的盆滿缽滿,而他們親人都是因為沾到「賭」,分別一直依賴他們兩位,最後因為賭債是個無底洞,導致六親不認,形同陌路。所以我認為一人得道,「雞犬們」一定要自我成長,不能因為家裡面的成員有光耀門楣的情況,一直依賴而不去成長及努力,這樣家庭最後一定會支離破碎。美國兩位心理學家羅勃‧伯恩斯坦及瑪麗‧朗古蘭曾說:「適度依賴」[38],別人的成功可以是協助自己變得更強大的途徑,是可以讓自己在某些領域取得成就。在不健康的依賴關係中,我們求助就是過度依賴,也是為了逃避挑戰,啃食家庭成員的光芒;而在健康的依賴關係中,我們求助是為了學習和成長,也就是「成長動機」。

---

36 參考維基百科<劉德華>,https://zh.wikipedia.org/wiki/%E5%8A%89%E5%BE%B7%E8%8F%AF
37 參考維基百科<張學友>,https://zh.wikipedia.org/wiki/%E5%BC%A0%E5%AD%A6%E5%8F%8B
38 羅勃‧伯恩斯坦,瑪麗‧朗古蘭,《適度依賴:懂得示弱,學會從信任出發的勇敢》,2019 年。

創立豪運

　　我的父母因學歷不足，沒有辦法有好的工作發展，只能打零工，哪邊有粗活就去做，所以為了不想讓父母每天這麼辛苦的工作，我就下定決心加入軍校分擔家計，這樣家中少一個人吃飯，而且還可以拿錢回家幫助家裡，這樣才能對父母盡到孝道。當我去軍校後的第二年，弟弟也是看我在軍中過的情況不錯，所以也加入軍校的行列。我們兄弟倆加入軍中之後，家庭的生計好轉很多，而我們父母也沒有因為我們的得道，就依賴我們兄弟倆不再工作了，甚至我母親年紀大了還想努力自己的事業，讓我著實對她感到佩服。母親所做過的工作都是粗活居多，例如做水泥工、還有船務工作，但她心理始終抱持著想要從事「修改衣服」的夢想，為了支持母親的夢想成真，我們就把家裡的一樓客廳移至二樓，然後一樓全部當做她的修改衣服工作室。在這裡，我更佩服她的是她從來沒有做過此項工作的基礎，就做好招牌往前衝了，硬著頭皮先接工作，不會的部分就去請教其他有經驗的師父，每天研究到很晚，才把基礎的衣服修改研究透徹，連父親看到母親後面生意越來越好，都加入幫母親做簡單的修改衣服工作。就這樣日復一日、年復一年，我看到父母親都是繼續努力在過日子，一直到現在，讓我心裡由衷的佩服。父母親跟我們兄弟倆說過：「我知道你們的情況不錯，雖然有沾到你們的光，但是不能一直依賴你們，而是要自我努力學習更多不同的事物，一起有動力繼續把家庭的生活品質再作提升才是王道。」

良性的「家庭衝突」是有助人際關係的建立

談到家庭的衝突，我真的學習很多，現在與家人對話，盡量找平衡點讓對方舒服及保護自己，達到一舉兩得。以前的我碰到「家人說話衝突點」，很容易暴走，沒有思考衝突的利弊關係，尤其父親跟我說話有點刺耳時，我就一直想反駁，而沒有思考他為什麼會問這個話的背後原因，所以很容易掉入父親的陷阱裡面，導致擦槍走火，這樣是對雙方沒有好處。我發現這樣下去是不對的，所以從軍中退伍時候，回想以前工作想著公事，沒有心思跟家人好好說話。現在每當跟父親說話時，會先站在父親的角度去思考，其實我相信父親也在想我會怎麼回答，他都想好答案是什麼，所以我自然而然下次跟父親要對話時，我一定要想的比他周到，而且更圓滑這樣很容易建立良好的家庭關係，延伸在外面也會建立人際關係。

「家庭衝突」是每個家庭一定會遭遇的，包含我們家也是。之前與弟弟為了跟母親說話的態度，發生嚴重的衝突，因為我在家裡跟母親說話態度較有禮貌，弟弟有時候會沒大沒小，所以好幾次我為了這件事跟弟弟相處不是很愉快，甚至都不說話。我跟母親討論此事，母親對我說：「你們二兄弟都是我生的，怎麼跟我說話都沒有關係，只要不是踩到我底線的話，一切都可以接受。」我當下領悟原來是我沒有站在弟弟的角度去思考此事，所以才會跟弟弟鬧得很不愉快，母親都能接受弟弟的說話方式，我為什麼不能呢？現在回想起來，其實弟弟有一套跟母親說話方式，我不應該把自己以為正確的道德觀念強壓在弟弟身上，難怪自己找罪受，就立即好好自我檢討，自動跟弟弟道

歉，才得到他的諒解。在這件事我學到另一種想法，以後在家中想成為良好的典範，首先自己要先做出來，慢慢讓其他成員有樣學樣，簡單來說，就是「潛移默化」的方式，不用以自我的正確要求來強迫別人一定也要這樣做，這樣容易得罪對方。發生這件事後，我跟弟弟說話常用「討論」的方式，間接改善我們兄弟的關係，不只跟家裡成員關係越來越好，我在任何場所建立人際關係也越來越好，且達到左右逢源。

有一心理學名詞叫「第三方意見（英語：Third Opinion，3O）」，是指一個尋求第三者的意見的行動，並以此解決兩方在反對對方的意見所產生的分歧[39]。其實母親就是我尋求的第三方意見，從中化解我和弟弟意見不同產生的分歧，經過母親的開導，我馬上就想通了。衝突一旦產生後，第一開始要懂得站在對方的立場去思考，他為什麼這麼做，一定有他的道理；第二我還會想著這個人以前做的好事，如此這樣想的話，心中的怒氣真的會瞬間降低很多，而且可以降低很多不必要風險，讓這種衝突演變成「討論」。建立家庭關係也是如此，其實要先從自己本身做起，才可以影響家庭其他成員，有助家庭關係的建立外，在外面也可以建立更好的人際關係，這樣人生才會進步。

---

[39]　參考自維基百科，〈第三方意見〉，https://zh.wikipedia.org/zh-tw/Wikipedia:%E7%AC%AC%E4%B8%89%E6%96%B9%E6%84%8F%E8%A6%8B

「校園霸凌」另類的想法就是磨練意志力

挪威心理學家丹‧奧維斯定義「霸凌」是「一個學生長時間、重複暴露在一個或多個學生主導的欺負或騷擾行為中。」[40] 我認為挪威心理學家說的就是我曾經遇到過的現象,所以這現象是讓我磨練意志力的開始,這二次是我遇到分別敘述如下:

一、國小一年級時,我因為身體不是很好,常常咳嗽,母親都不允許我喝冰的飲料,所以有時候看到其他同學喝冰的飲料,真的很渴望也想喝。有一次真的受不了,看到同學在喝飲料,因為上課鐘聲響起,這位同學就把沒有喝完的飲料丟到垃圾桶,我就跑去撿剛剛同學未喝完丟在垃圾桶的飲料,繼續把這飲料喝完,頓時感到滿舒服的,且很開心。但是這一幕被我們班其他同學看到,就去跟老師打小報告,我就被老師叫去約談,連我媽也到學校一起被約談。老師就跟母親說懷疑我的智商是否有問題,我媽跟老師說我沒有問題,是一位正常的兒童。後來在班上就因為此事一直被同學嘲笑,我也忍受這些同學的另類眼光看待,慢慢的就間接導致我的學習效果很差,回去跟母親說,才幫我轉學去其他學校。回想起來,這是我的學業生活中第一次碰到「同學言語霸凌」。

二、國中時候,我被分到放牛班整整三年,同學看我好欺負的樣子,最常叫我去福利社買東西,我如果說不要就被他們揍,那時就無

40　參考自親子天下,〈當孩子告訴你他在學校受到不公平對待,父母可以怎麼做〉,https://www.parenting.com.tw/article/5087144

奈的答應。還有一些平常在班上要大家服從的所謂的流氓同學，如果他們說的事沒有服從的話，他們就會叫人來圍毆你，讓你日子不好過。在這種氛圍下，我選擇跟他們融入，才有好日子過，但我不學壞，只是他們叫我做什麼我就去做，所以我的學業就一直不好。一直到三年級下學期，突然警覺到可能我的成績真的連一間學校都不會錄取我，幸好當時軍校來我們學校招生，我就選擇這一條「出路」走。回想那時候，我的學業生活第二次碰到「同學肢體霸凌」。

直到我讀了研究所，上網查到是我的學業生活的二個時期都是碰到「校園霸凌」，這指的是一種長時間持續的，並對個人在心理造成恐懼、身體和言語遭受惡意的攻擊，且因為受害者與霸凌者之間的權力或體型等因素不對等，而不敢有效的反抗。因為當時我沒有勇氣去跟這些霸凌我的人說明我的想法，因為有可能我說了，我的日子從此就不好過，所以那時候不想被當異類，就選擇隱忍的方式生存。回想起來，我母親常會教導我們去學校乖乖聽老師講課，不能學到不好的習慣，因為母親說家庭生計不是很好的情況下，如果我們跟同學打架有受傷時，沒有錢繳醫藥費，所以我認真一直聽母親的勸導。那時候也是磨練且正向的看待二個時期的學業生活，同時也是磨練意志力，才有信心與機會去軍校再接受另一種的訓練。

「行行出狀元」，一定有一行是激發你潛力爆發的鐵飯碗

前文我曾提過原先未來的夢想是想當個歷史學家，但因為時間、環境的不允許，後來進軍中後就跟歷史學家這個夢想脫離了。之後，放假回家看到第四台播出的歷史劇，我很喜歡看「三國」[41]這齣，從這部歷史劇我了解到三國的來龍去脈，還學習到裡面一些人物的思想，讓我又回到當初想成為「歷史學家」的這個夢想，舉凡有歷史展覽、歷史方面的活動我都會去參加。但因為長期當軍人且為了家計的關係，所以這個歷史學家的夢想一直放在我心中。實際上激起我潛力爆發的是「軍人」行業，因為這行業「磨練我的意志力」，從磨練中培養出的「積極正向的想法」，都變成我將來處理各種困難事物的能力，我相信一旦有這個能力，到哪一行吃飯都絕對不是問題。在軍人這行業中還有另外一種收穫，就是可以利用公餘進修的時間去讀研究所，在讀書中竟然發現我喜歡寫論文，也喜歡考證照，更喜歡的是上台教課，對將來退伍後也有所幫助，所以進入軍人行業同時也激起了我的「潛力」。在另一個方面，我也對「軍中歷史」感興趣，將來有機會或許也可為軍史做出貢獻。雖然走入軍中這一行是受環境及生計影響，但透過就讀軍校，軍中包吃包住，還有零用錢，解決了家裡沒有錢支付我國中畢業接下來的學費，到現在我仍是不會後悔進入這行，並且很感謝軍中對我的照顧及幫忙，讓我從事軍職期間非常開心。

當你的人生開始邁入要找哪行的時候，我建議可以先以打工及約

---

[41] 參考維基百科＜三國＞, https://zh.wikipedia.org/wiki/%E4%B8%89%E5%9B%BD

雇方式進行探索,不一定要先去擔任「正式員工」,因為每個行業皆細分很多工作,關鍵在從「細分工作」中先找到屬於你的潛力,然後再找到你適合行業的工作,將來就算從事別的行業,你還是可以勝任這個工作,比如我當軍人就是一個行業,但裡面細分很多工作,我做過「飛修修護」、「軍校教書」、「長官侍從」等工作,但我發現做過的工作中還是比較喜歡教書,因為我喜歡將知識傳達給更多學生知道,因此激勵我潛力的是報考儲備教官甄選,經過教官甄試才成為合格的教官,所以你也可以找到激發你潛力的行業。

另外,當你進行摸索的時候,不用計較薪資、待遇,而是有基本保障即可,不然會形成阻礙你的無形天花板。重點要找到可以讓你潛力爆發的鐵飯碗,而且在這份工作中能繼續發展的前景,甚至可以影響、改變你的人生。美國心理學教授克萊頓・阿爾弗德教授將工作分為三種需求:一、生存需求;二、關係需求;三、成長需求[42]。這三種需求闡述了基本的薪資待遇讓生活過得去,還有在公司跟長官、同儕及下屬若相處愉快,就是上天注定讓你從事這行,所以我在軍中的經驗,就是三種需求確實驗證我的潛力激發。如果現在的你還在找尋工作,可以考慮這三種需求是否符合你的條件,如果沒有的話,可以再繼續尋找可以符合需求的工作,進而找到你自己的那股潛力。

---

[42] 參考自維基百科,〈ERG 理論〉,https://zh.wikipedia.org/zh-tw/ERG%E7%90%86%E8%AE%BA

面對人家「嘲諷」可以造就奇蹟出現

我進軍校的那個年代，不管是我同學還是朋友都直接跟我說：「你頭腦壞掉了，怎麼會想去讀軍校，那邊都是不受管教的學生才會被送進去。」光這句話就聽到很多人跟我說，其實我都不以為意，笑笑的帶過。老子在《道德經》第四十一章說到：「上士聞道，勤而行之；中士聞道，若存若亡；下士聞道，大笑之，不笑不足以為道。」意思就是說上等悟道之人聆聽了道，便會勤於實踐它；中等悟道之人聆聽了道，會對它半信半疑；下等道之人聆聽了道，便捧腹大笑以示嘲諷[43]。從老子這段話回想我去讀軍校這件事，得知當時嘲諷我的人其實心態都是自我感覺良好，不屑我這種能力較低的人，然後以嘲諷方式表示他的優越感。還好我當時只知道家中環境不好，只知道分擔家中生計，就義無反顧的去讀軍校，慢慢才知道做軍人的保障比較多而已，而嘲諷我的這些人現在也沒有混的比我好，所以我還是由衷感謝這些人的嘲諷，讓我有信心跟力量走下去，而且越走越快樂，我現在回想老子的話就是上士聞道，就直接實踐。所以我的建議是，對於別人的嘲諷，不要急於反擊，讓自己要有忍辱精神面對別人的嘲笑和侮辱，可以造就奇蹟出現。

---

43 參考引自百度百科，〈《道德經》‧上士聞道，勤而行之〉，https://baike.baidu.hk/item/%E9%81%93%E5%BE%B7%E7%B6%93%C2%B7%E4%B8%8A%E5%A3%AB%E8%81%9E%E9%81%93%EF%BC%8C%E5%8B%A4%E8%80%8C%E8%A1%8C%E4%B9%8B/7731358

創立豪運

我之前看到一部歷史劇叫〈大盛魁〉[44]，裡面敘述主家王相卿在被對方「嘲諷」中將這個商號發揚光大，就因為他的競爭對手商號「盛德裕」的掌櫃孫德裕，是一位富過三代替朝廷做軍供生意的人，軍供生意就是將軍中的補給交給外面的商號來做，盛德裕當時財力和實力位居八大皇商之首，就如同我們臺灣首富一樣，無人可超越他們。孫德裕常常嘲諷王相卿沒有實力，喜歡說大話，然而王相卿被嘲諷後，就下定決定要做出自己的商號，他將貨拿去蒙古烏里雅蘇台做買賣，這條去蒙古的路那麼寒冷，一去就是好幾年，而且還不知道能不能賺錢，但憑著王相卿的果斷，慢慢跟蒙古人做生意做出感情，所以蒙古的供貨後來都交給王相卿處理。另外還有一個片段令我印象滿深刻的地方，王相卿有做凍羊肉生意，本來做得好好的，結果被孫德裕給壟斷，讓王相卿的羊肉囤積無法供售，但羊肉沒有辦法囤積，到隔年開春一定臭掉，索性就把羊肉拿來包水餃，當時包完的水餃這麼多也不可能馬上賣掉，再加上沒有賣完，一旦有氣候的影響，這些水餃就會壞掉。然而，王相卿雇用駱駝走了三個月，將這些羊肉水餃送去給邊疆打仗的官兵吃，而且還是免費的，軍營的官大爺很感動就送王相卿一筆錢之外，還跟皇上報說將來軍供生意也可以交給王相卿做，所以他成立的商號生意就越做越大，快跟上盛德裕這個商號。孫德裕和王

---

[44] 參考引自維基百科電視劇，〈大盛魁〉，https://zh.wikipedia.org/zh-tw/%E5%A4%A7%E7%9B%9B%E9%AD%81

相卿在當時常鬥智鬥勇,但後來孫德裕的野心很大,結果貪心惹禍,最後還是王相卿出手救了孫德裕的商號,後來大盛魁做到草原第一商。在這劇情裡面讓我佩服的地方是,王相卿被孫德裕嘲諷時,他都能忍辱負重,將嘲諷的這股力量化為奇蹟的方式呈現,我更相信臺灣有名的企業的誕生,都是曾經受到別人的嘲諷,才產生更多偉大奇蹟出現。

花若盛開，蝴蝶不來該怎麼辦？

我們常被教導，提升自己的內涵及實力，自然就會吸引好的事物，例如欣賞你的人或者遇到貴人等，如果真的努力達成目標，結果這些所謂的蝴蝶不來該怎麼辦？我認為可以去學習同一行業不同的新事物，例如在演戲的演員已經達到極致，就可以去學習如何做導演，這樣也是人生的另一種挑戰，說不定角色一轉換，產生極強的爆發力——演戲已達到天花板了，當導演後才知道自己原來有這個天分，甚至還結交導演的重要級貴人等，簡直是被演員耽誤的導演。我回想自己當軍人也是如此，從修飛機開始，在這行就只能每天將飛機修好，但我深信自己不只是修飛機的料，又再回軍校讀書，後來又再去部隊從事基地勤務工作，依然每天把工作做好，蝴蝶還是沒來，不過後來遇到貴人，獲得一個機會調回學校擔任助教的工作。自從回軍校服務後，我堅信我的蝴蝶終於來了，但我依然還是繼續學習新的事物，就在軍校服務的時間完成碩士學位及考取相關證照，最後到國防部及司令部跟在長官身旁歷練，擔任侍從的工作，讓我更深信自己的努力一定是大器晚成，蝴蝶自然會飛來我這個花盆，細細品嚐花的芬芳。也就是說長期努力總是有一天，會以另外一種回報迴給予你。

絕對不要為了一隻蝴蝶，準備網子、準備慢跑鞋，忙於追求蝴蝶，而是買一盆漂亮的花吸引蝴蝶的到來，重點是在「吸引」，但是如果假設花已經盛開，蝴蝶不來的話，就是找出關鍵的地方，一樣可以吸引更多不一樣的蝴蝶進來。另一方面可利用義大利經濟學者帕雷托所提 80/20 法則，找出關鍵百分二十的部分，就可以達到百分之八十的

效果[45]，例如我在軍校工作時，有部隊修護工作資歷及民間高等教育的學歷，這佔百分之二十，後來我有機會可以甄選教官的職務，才發現上台演講是才是我喜歡的工作，這樣可以達到百分之八十的效果。在吸引蝴蝶進來的時候，我歸納有二個情況要重視：第一是身份轉換，自己努力去斜槓不同角色吸引蝴蝶，從演戲的演員到導演的角色轉換，說不定還是長期被演戲耽誤了，結果做導演簡直天分極高；第二是從自己的努力過程中找到關鍵因子，如同我在軍旅生涯歷練不同的職務，後來我才發現上台演講是我喜歡的工作。此時我的心得就是自己種的花用最大的努力盛開了，但沒有立即吸引蝴蝶進來，而是一直不斷細心把花顧好，就如同我在部隊把工作做好，卻沒有吸引蝴蝶過來時，還是不斷將自己的本分做好。現在退伍回想起來，我軍旅生涯調過十三個單位，其中有五個單位都在學校工作，深信教書是我的使命。如果努力過依然還沒有回饋進來，千萬不要氣餒，只是時間未到而已，所以我建議，除了在原本的工作中一直不斷的努力，還要花時間去學習更多新的事物，成果一旦出來一樣可以吸引蝴蝶進來，因為不是每個蝴蝶都一定要來你這盆花，而是要不斷的一直盛開不同的花，直到蝴蝶有一天到來。

45　參考引自維基百科，〈帕雷托法則〉，https://zh.wikipedia.org/zh-tw/%E5%B8%95%E7%B4%AF%E6%89%98%E6%B3%95%E5%88%99

創立豪運

「初生之犢不畏虎」，可以在適合時機發揮，創造無限可能

其實現在回想起來，能有幸擔任長官的侍從，是當時我的貴人看出我的努力勤奮，問要不要去擔任長官的侍從。我一開始很猶豫，不知道這個工作是什麼性質的，以位階及職務來看，我的位階才士官，那時候有些同仁跟我說要跟一些長官共事，一聽到就很緊張。最後因為我知道士官都在基層單位工作到退伍，很難有機會到高司單位去歷練職務，所以我當時就抱持跟年輕人剛出社會、涉世未深一樣，以一種不畏虎的精神，答應貴人去高司單位歷練看看。一開始跟長官講電話的確會很緊張，但辦公室的中校秘書就跟我說，把這些長官當成長輩來看，可以一字一句慢慢說，不用太緊張，重點就是把話說清楚，慢慢的我就駕輕就熟。我花了半年的時間才適應高司單位的工作，所以前面章節我有說到，人生有時候要有阿甘正傳的精神，一件事就保持傻勁去做，我也是如此，就算是你沒有碰過的事情，只要自己懷著的心態是正確且積極向上的，一定會有所成功。現在回想起來，自己就是沒有在高司單位歷練，缺乏相關知識與經驗，單純抱持著無所畏懼、說幹就幹的精神，同時也抱持謙虛的心，才能得到長官的賞識與信賴。

另一方面，發揮這股無所畏懼的勇氣同時，也要了解對方當下的情緒，不是每件事都是用不畏虎的方式去表達，每個人都有他的行事風格，有些人在社會經驗本來就比你豐富，你的建議不見得有效，所以還是要懂得察言觀色，在適當時機表達自己的想法。就像 2021 年法

網其中一段短視頻，塞爾維亞選手喬科維奇[46]獲得生涯第十九座大滿貫冠軍，然而喬科維奇將一支網球拍送給一個不認識的小孩，讓我感到好奇。原來是喬科維奇在跟對手陷入苦戰的時候，有些觀眾對喬科維奇喊出一些漏氣的聲音，但突然有個小孩子在旁鼓勵及適時指導戰術，喬科維奇被他的聲音吸引，覺得他非常可愛，也懷有赤子之心，這小孩沒有因為喬科維奇是第一種子選手就表現一副恭敬的樣子，而是懷有一股支持選手及網球的熱情，所以這小孩子就以無所畏懼的方式跟喬科維奇表達內心的感受。這段畫面讓我心中對這小孩子感到佩服，這是很多人做不到的。另外還有一個故事，這次我看到東京奧運桌球球員林昀儒在跟德國國手奧恰洛夫比賽[47]，我最感動的是林昀儒的年紀才19歲，苦練的結果是打出世界級的水準，不畏對方是誰，表現冷靜，判斷下一個球路要怎麼打。一開始跟奧恰洛夫單打輸了，但後來在團體賽再次面對，他竟然贏了，這是我覺得這次比賽最好看的地方。以上二個運動選手發生的故事，猶如「初生之犢不畏虎」，就像美國心理學家布芮尼・布朗曾說：「不確定性、風險和袒露情緒，要在適合的時機敢於表達自己的意見能無所畏懼。」[48]最後我建議你剛出社會的時候，一定要抱持無所畏懼的精神投入，但一定會碰到釘子，切記一

46　參考維基百科＜諾瓦克‧喬科維奇＞，https://zh.wikipedia.org/zh-tw/%E8%AB%BE%E7%93%A6%E5%85%8B%C2%B7%E5%96%AC%E7%A7%91%E7%B6%AD%E5%A5%87
47　參考公視新聞網＜東京奧運團體賽再戰奧恰洛夫成功復仇 林昀儒：特別想贏他＞，https://news.pts.org.tw/article/538368
48　布芮尼・布朗，《召喚勇氣》，2020年

定要保持赤子之心,和懷有求知若渴及虛懷若谷的心,不要被眼前一堆困難打趴,最後一定可以找到適合解決的方式,這都是你生命歷練的美好回憶,也可創造無限的可能。

體會「不公平對待」的人生

　　我從出生到有意識的時候,就是在一個貧窮家庭,曾經想過怎麼不是投胎在富有家庭,連小時候開始讀書的時候,也會羨慕為什麼別人讀得會,我卻怎麼讀都沒有辦法融會貫通。總之很多事讓我開始覺得人生不公平,就容易開始產生負面想法,例如嫉妒別人出身好的家庭及就讀好的學校等等,但這樣的思考方式使我做很多事都越來越不順,例如很容易遇事不順發脾氣,做事情沒有耐性,碰到事情就不想面對,而且想逃避,甚至覺得上天為什麼老是針對我等等。有一次母親拿一本善書給我,叫《因果循環的變化》,裡面的內容主要說明:要懂得行善才有後福,還有每天保持正面及樂觀的心態才能改變很多不公平的事情。我讀完這本書就暗自發誓,一定要拿來現實的情境應用,雖然日子還是出現不公平的事情,但我也不再負面思考,而是用自己的行動去克服,過程雖然辛苦,但是每件事都使我獲益良多,進而讓我對很多人事物一律公平對待。現在退伍後回想起來,如果一開始就出生在富貴家庭,很多事情都可以如願達成,如同少年得志,假設碰到不公平的事,我相信身心靈一定會受到嚴重創傷,唯有常常碰到不公平對待的人生,才可以訓練自己的心志做徹底性的改變。

　　不公平的日子每天都在上演,尤其是要進來軍中這件事,那時真的羨慕其他同齡的同學們不用接受這種軍事訓練,而且每天可以回家陪父母等等,後來還是多虧家人的鼓勵及支持才繼續。其實想想軍中福利待遇真的不錯,尤其是二十年服役完有月退俸,讓我真的動心想好好服役,另外退伍後可以接受職業訓練,將來能跟外面接軌。我的

軍旅生涯中,其實工作資歷及軍事教育也是在提升,軍人是為了保衛國家而存在的一種職業,除了工作增加資歷外,還要提升學歷部分,我也是在軍中念到研究所,考量將來退伍後可以拿著學歷去外面從事相關工作,進而為國家再繼續奉獻心力。所以軍人一開始不是我的志願,但是我在軍中學習到很多東西,例如磨練我的性格、做人處事越來越圓通,還有培養意志力、毅力及耐力的訓練,如果讓我重來一次,我還是願意當軍人。如同美國心理學家亞當斯曾提出公平理論:「預期人會在事情做心理上扭曲比較:將它合理化,視不公平為短暫,在未來不久就可以解決。」[49] 我一直認為出生本來就已經不公平,有些人生活很好,有些人生活很差,這都是前世所累積的業力所影響,進而來到這個不公平的世界;要用行動戰勝不公平的情況,平常除了該完成上天交付你的任務外,還要行善積德、廣結善緣,才能慢慢開創屬於自己的美好世界。我第一天做軍人的時候,就跟自己說一定會做到拿到入門票(二十年終身俸),而且我如今也達成這個目標了,真的福利待遇比同齡的同學好很多,總之從辛苦到有所成就,無形中自然而然就水到渠成,達成公平的人生了,所以我建議不管做什麼事情,只要不斷在這個領域一直努力,從不公平對待的人生中,想方設法找到平衡點,就能創造屬於一個自己的公平人生。

---

[49] 參考引自痞客邦,〈社會心理學—公平理論〉,https://anewissa.pixnet.net/blog/post/28302556

「聆聽」是可以訓練耐住性子的方式，建立清晰的思維架構

「多做少說」是我在部隊工作時最常聽到的一句話，但是我曾經在聆聽別人說話時，犯過二個錯誤：第一我很喜歡插話，還沒聽完全盤事物就當作了解直接插話，然而我看到對方的臉上不是很好看，還會反問我說你真的了解嗎？他就進而延伸問題越問越多，我就開始冒冷汗，真的嚇到回答不知道，我心想早知道就不要插話了，現在回想起來當時我的行為一定得罪對方；第二就是聆聽對方說話時，我有時候沒有耐性，臉部表情感受不耐煩的樣子，現在回想這是不尊重對方說話外，還給對方看見沒有耐性的樣子，這樣是沒有禮貌的。當我被糾正這些錯誤時，心裡對自己說下次不能再犯，應該好好省思如何培養為好的聆聽者，慢慢訓練自己的耐性，從中學習這段話要怎麼回比較有藝術，還有從回話的過程中建立清晰的思維架構，例如曾經在部隊工作的時候，聆聽學長說話只聽一半，沒有聽到關鍵的地方，就說我知道了，直接跟學長去現場工作，導致工作中學長看我工作沒有按照他的方式來做，就被學長問到答不出來，直接被臭罵一頓。後來得到教訓後，我就開始耐住性子，有一次在工作中直接被學長考試，這個工作要如何做，我就會說這個工作要準備什麼工具、到了現場要注意警示的地方、還有施作工作的時候要注意的地方、還有完工後要巡檢工具有沒有遺落現場等，慢慢訓練自己建立一個清晰的思維架構，從中也可以讓自己的耐性逐漸提高，每次聆聽後，我的品性涵養也逐漸提升。

美國心理學家梅樂妮‧喬伊教授曾提出：「保持禮貌，帶著好奇心聆聽對方的想法，不要直接到結論，或只想等有發言機會時，大談自己的觀點。」[50] 當時的我就像教授所說的論點，完全沒有聽完對方的想法就直接到結論，這樣無形中很容易得罪對方，所以我開始從錯誤中反省，在聆聽對方的話語中慢慢建立在自己工作及生活上的應用，也會少有錯誤的發生，更有清晰的思維架構，不管在工作或生活上效率都變得很高。尤其我在高司單位跟著長官做侍從的那段日子，假設長官講太快，沒有聽懂關鍵部分，我一定會跟長官說可以再說一次嗎？因為我剛剛沒有聽清楚。我相信長官一定會認為你有認真聽他說，並且尊重他的每一句話，另外我也一定隨身帶筆記本，聽長官說到重要的部分一定紀錄下來，這樣讓長官覺得你有尊重他。現在回想起來「聆聽」這件事，真的非常重要，尤其重點就是把對方所說的關鍵，一定要放在心裡面，因為這是整段話最重要的眉角，唯有這樣可以讓對方知道你在尊重他，然後獲取對方的信任。如果對方一開始說的方式是不對的，也不要直接插話，切記不可在公開場合拆對方的台，就等對方闡述全部的想法後，私下找對方做一個禮貌性的建議，除了給對方有台階下，也會獲得對方的信任及好感。我的建議就是聆聽別人的對話時，不管這段對話對你有沒有幫助，先抱持好奇心、耐心及同理心

---

50 參考引自《遠見》，〈如何改善溝通方式，重新建立關係？哈佛心理學家提醒：說慢一點，把「對方放在心裡」〉，https://www.gvm.com.tw/article/80250

去聽看看,一定可以聽出重點在哪,並掌握關鍵的地方,給出良好的建議,我相信這樣你的聆聽方式一定有大大的進步,還會影響對方跟你一起進步。

「完卻官糧無別事」其實是有有意義的事等著你去做

在十年前，我有一次去媽祖廟拜拜，拜完的時候突然心血來潮，想抽支籤看自己的未來運勢如何，結果一抽是第九十五首，這支籤有四句話叫做：「牆圍竹木稻盈田、雞犬桑蔴境地偏、完卻官糧無別事、太平世界一神仙。」[51] 我不懂這支籤的意思，就問廟裡的解籤師父，幫我了解這支籤的意思，他跟我說：屋舍的周圍是以竹木圍籬，田園間一片綠色盎然，稻禾盈穗，在鄉野田園中恬靜地生活著，除了繳納政府的官糧外，其他並無閒雜或大事的發生，自由自在地過著像神仙般的生活。這支籤的意思真的會在我的生活中發生嗎？我還是感到疑惑，同時繼續完成軍中所服的役期。

去年三月十九日是我的退伍日，辦完退伍的很多相關行政作業後，才有時間打掃自己的房間，在抽屜忽然看到這支籤，我當時產生的疑惑頓時灰飛煙滅，這支籤完全真的照我退伍時發展，因為我退伍後決定回來屏東定居陪父母生活，在軍中也把法定的役期服完，真的沒有什麼閒雜或大事發生，但是在市區內生活，沒有在所謂的田園間生活，可能因為還沒有結婚，只是單純的在家裡生活。我一直回想「完卻官糧無別事」，是繳納完政府官糧，真的沒有事了嗎？我就上網查了一下，果然說了這句話的真正涵義：「完卻官糧」透露尚有不盡十分圓滿的意思，建議仔細推敲自己曾經答應他人而未完成的事務，也許就是踏出成功之路的契機；「完卻官糧」也有再付出的意思。我也跟母

---

51 參考引自白沙屯天后宮，〈第九十五首籤詩，https://www.mstn.org/168/?p=242

親討論此句話,她說因為你接受軍中栽培,如今役期時間到了,退伍了可以再做對軍中有意義的事情,讓我想到可以寫書出版。在我讀研究所時就有寫書的想法,但一直沒有時間,直到退伍後無形中也一股腦的就是想把自己軍旅生涯的精華全部寫出來分享,我就在想,不只軍中的後進學子,還有外面的莘莘學子,我用自己的軍旅生涯故事,以演講及推廣的方式讓他們知道,除了改變他們的人生軌道,保持積極正向的努力外,還可以為國家注入更多棟樑,這也許是真的需要我做的一件有意義的事,有機會可以把「完卻官糧無別事」這句話好好實踐。美國正向心理學之父馬汀・塞利格曼在《真實的快樂》一書提到[52],有意義的人生就是把自己的突出優點加以發揮、造福他人,尤其他提到為別人付出時,會感染別人,互相激發愛心、勉勵行善,讓自己和身邊人更相連,如同我寫書分享,表示自己曾經答應他人而未完成的任務一樣,是繼續前進做這份有利於雙方的事情。我是鼓勵大家「完卻官糧」還要想想可以做什麼,因為有些人退休真的需要清閒一下,好好享受退休生活,對於我而言,是由於尚未實踐與他人做出的約定,所以一定要在我有限的人生全力以赴,不留遺憾給自己,永不放棄地付出自己的心力創造奇蹟。我的建議是,如同曾經是國防部軍事發言人的羅紹和老師[53]一樣,他退伍後毅然投入慈善事業,去救濟更

52　馬汀・塞利格曼,《真實的快樂(全新改版)》,2020 年
53　參考維基百科 < 羅紹和 >, https://zh.wikipedia.org/zh-tw/%E7%BE%85%E7%B4%B9%E5%92%8C

多孤苦的家庭，讓我非常佩服，如果當你退休還有能力可以做出奉獻，有機會一定要好好實踐自己的夢想。

執行力篇

接到要做的事
一定要分輕重緩急去執行

預判事情的變化是決定「成敗的關鍵」

　　美國心理學家榮格所言:「倘若無法意識到無意識,它就指揮你的生活,然後你會稱之為命運。」[54] 榮格所言即是代表這世界很多人還是渾渾噩噩的過日子,生活找不到目標,失敗不願意爬起來,所以當然會被命運帶著走,最後走向乞討的生活。以前我國中也是很混的在過日子,學校學的東西都沒有拿回家複習,所以我根本也不會考慮以後是否考上高中,但後來因為上天給我機會進入軍校,所以我想說進去了就有機會改變自己;而另一方面不願自己是被命運牽著走的人,因此改變「我在混日子」的觀念,尤其在部隊工作的第二年,就想著繼續保持複習書本的律動,想著回到學校繼續進修,但那時候也不曉得是否能考得上,所以我就去買參考書,利用休假的白天來複習,不懂的去請教以前的老師,另外還利用收假回部隊坐火車複習,就這樣一步一步實現二年後回學校進修的目標。因為我做這樣的預判,而且付出努力,就算途中有什麼情況改變,打倒不了我的這股信念。所以皇天不負苦心人,二年後的二專考試考上學校,讓我如願回學校繼續進修。《論語‧衛靈公》:「子曰:『人無遠慮,必有近憂。』」[55] 意思就是人如果不做長遠打算,預防可能發生的事態變化,很快的眼前就會有憂患的事情發生。這也是我認為「預判」這個行為,促使我

54　引自書櫃筆記 / 原子習慣,https://medium.com/%E4%BA%BA%E9%A1%9E%E9%96%8B%E6%94%BE%E5%AF%A6%E9%A9%97%E5%AE%A4/%E6%9B%B8%E6%AB%83%E7%AD%86%E8%A8%98-%E5%8E%9F%E5%AD%90%E7%BF%92%E6%85%A3-b690994f5ea2
55　引自文化精華每日一詞,〈人無遠慮,必有近憂〉,https://www.ourchinastory.com/zh/1491/%E4%BA%BA%E7%84%A1%E9%81%A0%E6%85%AE%20%E5%BF%85%E6%9C%89%E8%BF%91%E6%86%82

做每一件事有先後優先順序並有邏輯,就像剝洋蔥一樣,剝到最後如同看到事情的本質。我就是一邊還是工作,一邊利用時間複習考試的課業,雖然很辛苦,但一定要有規劃,不是到考試前才複習,這樣一定考不上,所以「預判」行為中既已了解未來可以做的事,現在就開始準備,讓做事有條理及邏輯清晰。

像以前我在軍中看書、運動、考試等等這些活動,都是做自我調整,比如我會「預判」等等半小時後,要去複習功課,或者等等一小時後要穿運動服去慢跑,就連休假要規劃每個時段該做的事,維持生活中的一種律動。所以人生一定常常要有「預判」行為發生,才能順利完成任何事,如果預判的過程中有突發狀況發生,雖然阻斷今天應該要完成的目標,形成障礙,但不會阻斷的是你一直持續想改變的心情。假設沒有「預判」行為產生,就是產生被動。所以不想改變,人生絕對不會進步,如果想改變,就要「預判」想得比別人多一步。

另外,我在擔任長官的侍從時,每天也是訓練自己安排長官的行程,知道長官有何需求,長官有什麼狀況出現該如何因應,也就是從長官為何這麼做的背後原因去思考,因原因背後有規律,規律以後一定有大勢,大勢之後可以看會「預判」發生,就可以發現事情的本質,這樣人生時時刻刻在「預判」之中;另外,以前在軍中職務調動的時候,知道新職務要碰到的法規,可以先研讀準備,甚至先去見習,一旦調整新職務,即可以馬上上手。所以要預判後面的變數來開始準備需要的事物,這樣才能決定很多關鍵成功的因素。

越努力的人大部分運氣都會很好

　　常常聽到很多人都會說一句話：「我那麼努力，為什麼還是沒有考上理想的學校？為什麼那麼努力，還是沒有達到目標？」很氣自己如果再努力一點，也許就有機會，但往往事與願違，通常是努力的方式有誤，關鍵點就是未能尋求突破；另外也可解釋成，就是一個靶一直打在邊緣，沒有射向靶心，所以就算努力且盡力了，還是一樣沒有得到相對的回報。例如，巴黎奧運真的滿令我感動，每個選手都盡自己的努力，競賽過程中眼神都散發出鬥志的精神，雖然結果不一定每位都得獎，但他們從巴黎奧運學得經驗，從這次的經驗尋找自己的盲點，然後加以突破，化為下次奧運得牌的關鍵。但從電視上我看到他們每一位努力的樣子，其實在我心目中都是第一名了。

　　但我覺得有種現象很有趣，就是從小不喜歡讀書的小孩，常是先去工作磨練幾年後，覺得讀書是一件很重要的事，後來拾起書本邊工作邊讀書，竟然還可以考上理想的學校進修，比起一開始就一直培養念書還考到不是自己理想學校的小孩更幸運，關鍵在於進入職場一陣子之後，發現自己所學不足，有機會回學校進修，就會努力複習以前所學知識，考回學校繼續進修。由此可證，每天在念書不見得會如此幸運，除非本身那小孩就喜歡念書，就是塊讀書的料，否則以強逼的方式要求小孩，只會得到反效果。我看很多小孩都活得很辛苦，盡自己最大的努力，結果沒有考到好學校，通常會遭來父母一頓謾罵，非常努力但不見得有好效果。有很多學習的盲點或者眉角都是關鍵性的轉變，也就是說在你認為這件事非常重要的時候，只要有盲點就要改

變學習的方式，一直努力到自己可發光發熱，讓自己感動，這樣就有機會產生好的運氣。

　　英國心理學家李察・韋斯曼曾對運氣進行廣泛的研究，他發現，「好運的人時常會認為自己保持著某種特定的心理狀態，因而更容易注意到運氣何時出現。」[56]從韋斯曼的研究發現心態一直保持開放及情緒穩定的人，或時時刻刻保持接受新環境準備的人，會好好研究眼前的挑戰，當機會來臨時，會好好把握和珍惜。如果本身就不是很會念書，但強逼自己一定要像別人一樣，心態上就容易焦慮，再怎麼努力，好運這件事也不會掉到自己身上。所以一定要檢討自己的心態是否能接受不會讀書的意念，是否還有其他方式代替讀書，例如考證照或者學習第二專長，才是產生好運關鍵的不二法門。

　　最後我想講的是，好運會落在一個敢勇於接受不同挑戰的人，這個人不是很聰明，本身也沒有很強的才能，只憑藉著迎接挑戰、不畏懼的精神，總有一天好運會降臨他身上。對所進行的每件事情抱持很高的熱忱，就算挑戰過難，也能看出契機應對，所以每次的挑戰都要檢討自己哪些部分需要加強，為下次的努力做好準備，迎接好運的到來。

56　參考引自天下雜誌，〈招來好運的三項特質：外向、開放及情緒穩定〉，https://www.cw.com.tw/article/5093806

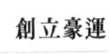

「刻意練習」是一種生活態度

在這社會中,我們從小接受老師及家人以及出社會後遇到很多人事物的經驗教導,很多時候都不能做自己,且不能拒絕地需要去接受很多應該知道的東西,所以連我也覺得學習過程中遇到了不是每樣都喜歡但亦不能拒絕的事物,例如我不是很喜歡讀理化和生物這些科目,但為了考試過關,只能去了解化學式以及生物相關知識,比如細胞、遺傳、進化、環境與生態。這些生物知識要有目標的練習,也需要時間去沈澱,慢慢接受它。學完這些知識後,一定要能將這些所學歸納成圖表式的知識系統,刻意讓自己去習慣這種讀書方式。從不喜歡到完全接受,是需要時間的洗禮,這樣才能達到一種刻意練習精進自己的生活態度。

軍校畢業,我到部隊投入修理飛機的工作,覺得這是有技術性的,將來有發展性。然而在修理飛機過程中,碰到很多我不會的東西,每次拆卸一架飛機裝置的時候,一開始沒有了解整個脈絡,只看著學長拆什麼就跟著拆,一直記步驟,下次換我做也是照著學長的作法,只想趕快做完回工廠休息,而對飛機的很多拆裝工作並沒有用心去學習,沒有了解拆卸過程順序。正確的作法應該是要觀察學長的作法,再加上自己要習慣看技術命令的整個系統脈絡,去發現其中的脈絡,重點就是有目標的練習。因為修飛機是群體工作,又不想耽誤學長的休息時間,我開始檢討自己的心態就是每次工作都抱持僥倖的態度,而沒有發現問題所在,自己當了那顆壞了一鍋粥的老鼠屎,而我這種僥倖心態總是會遇到鐵釘。果真有一次,我早上安裝一個減速板安全銷竟

然裝了快將近一個小時,連我的學長都快看不下去了,還被罵了一頓,因為這架飛機要拉出棚廠,下午還有飛行,最後是學長直接幫我把它裝進去。從那刻開始,就做類似工作的時候我會刻意去記住之前學長的作法,再加上自己常看技術命令學習整個脈絡,很多修飛機的眉角就是自己要刻意有目標的練習,用正確的觀念及手法將工時縮短。後來只要有工作進來,不管是不是我要做的,我都跟去看,用心記,刻意認真練習,尤其飛機任何故障工作進來,我都跟學長說讓我來做看看,讓他們開始對我另眼看待。所以一直不間斷的刻意練習,就會產生一種自信心,更能達成目標。

　　美國心理學家安德斯‧艾瑞克森教授曾說過,「善用大腦和身體的適應力,每個人都能改善技能,甚至創造出你本來以為自己沒有的能力,亦即『刻意練習』,達到巔峰表現。」[57] 所以自從修飛機後,我去考修飛機的證照及擔任修飛機的教官,這些並非代表我本身有這樣的能力,而是用「刻意練習」的能力才能達到這樣的目標。其實你我都一樣,不是一出生就是吃這行飯,而是目標要做什麼一定要明確,然後才能常常刻意練習達成目標。

57　安德斯‧艾瑞克森,羅伯特‧普爾,《刻意練習:原創者全面解析,比天賦更關鍵的學習法》,2017 年。

做出錯誤決定，有助磨練心志

我們從小到大常常會做出一些錯誤的決定，幸有長輩、老師、同學及朋友敦促觀念的導正，有些人會聽，以後的路就走的越來越順，有些人不聽，路就走的很坎坷。但我發現有些人做出錯誤決定之後，例如，不學好去做不正當的職業，在當下覺得有出路，但是發現走錯了可能彌補都來不及，一失足成千古恨，就是說明這種道理。所以我認為做出錯誤決定後，可以磨練自己的心志，一定要馬上檢討這樣的行為是否不合天理，日後再做決定時可以更加謹慎，不再犯同樣的錯誤。另外，還有錯誤決定是公司針對裁員要做裁決，發現裁員太多，對公司發展是一件錯誤的決定，結果在來不及彌補的情況下，就折衷將之前對公司有幫助的人員招回來，讓公司繼續運作下去。

我曾經看過一部電影，叫「勇士們」[58]，由美國演員梅爾‧吉勃遜主演。裡面敘述美國打越戰的時候，無線電操作手分不清美越真正作戰的位置，總之就是兩方混在一起作戰了，然後報錯座標給戰鬥機要實施轟炸敵軍，結果座標的方位報錯，轟炸到自己人，導致他們被炮彈炸飛，報錯座標的那位操作手當場情緒崩潰，而指揮官趕快安撫操作手做得不錯，操作手馬上回神再繼續作戰，不再被當下的情緒受到干擾，不然絕對會被敵軍趁機打入，可能會全軍覆沒。所以我看到指揮官沒有因為操作手做出錯誤的決定，而情緒不當地怒斥責罵，而是情緒平穩做出正確的決定，趕快安撫所有同仁再繼續作戰，直到勝

---

58 參考自維基百科電影，〈勇士們〉，https://zh.wikipedia.org/wiki/%E5%8B%87%E5%A3%AB%E5%80%91

利。所以我建議可以去看這部電影，你一定可以從這部電影體會自己的人生，這就跟我當年在修飛機的時候相似。我曾經去飛機大坪工作，然後工作完後忘記把工具帶回去，學長也很相信我，並沒有再檢查我帶去的工具，然而工具被其他單位的學長帶回來，因為他相信我工作後應該有檢查四周情況，所以沒有做出最後確認督導的動作，而讓這件事就這樣發生了。其實我當下全身是冒冷汗的，感覺快世界末日來臨了，學長有小念一下，但也鼓勵我下次要注意到每個環節，讓我有信心以後做每件工作的時候，都要細心的處理每個細節。雖然我後來離開修護的工作，但到每個工作環境，還是以當初我犯過這個錯誤做為警惕。

美國史丹佛大學心理學教授李・羅斯曾說：「人們在評估他人的行為時，即使有充分的證據支持，但仍總是傾向於高估內部或個人因素的影響（一定是他有這樣的人格，才做出這樣的行為），這在心理學名詞叫『基本歸因謬誤』。」[59] 所以無論在下任何決定前，一定要想的很周到，不能只依賴有充分的證據顯示就下決定，還要考量其他因素，否則可能造成錯誤的決定，而要付出相當大的代價。所以正向看待做出錯誤的決定，就是可以磨練自己的心志，為了下次不管什麼事情，都能做出一個合理及正確的決定。

59　湯瑪斯・吉洛維奇，李・羅斯，《房間裡最有智慧的人：康乃爾 X 史丹佛頂尖心理學家帶你洞悉人性、判辨真偽》，2017 年。

將自己的「生活區域」整理一遍，工作效率提升及增加親子互動

　　最近我剛把父母和自己的房間以及書房徹底整理一遍，把堆了10幾年的東西全部分門別類整理成箱，把真正需要的東西留下來，不需要的就拿去給公益團體回收，給真正需要的人。整理完後有煥然一新的感覺，心情當下真的不錯，尤其我工作在台北，有時候一、二個月才會回家一次，當放假回屏東家裡，就會整理一些不需要的東西給公益團體回收，整理完後看到我曾經堆積東西的地方整理乾淨，就自然而然不會再把東西放在曾經堆積的地方，保持生活區域乾淨。除此之外，我還會放一些植栽美化環境，或者放一些自己在軍中服務的相片做回憶；另外，我還用一些裝潢補缺汙穢的地方，例如地板上的長年汙垢已經無法清洗乾淨，我就用地墊去遮蓋地板，這樣我生活的空間就變得清爽乾淨。這也間接影響我開始整理辦公區域，而整理後則因此獲得工作效率提升，其一，因為長期工作資料較多，塞滿整個抽屜，就將不要的資料拿去碎紙機碎掉，清理之後發現整個辦公環境很清潔，會讓工作效率提升，以前沒有整理的時候，要找什麼重要資料都很難找，現在整理之後，找資料就方便許多；其二，以前的我一接到工作，明知道可以馬上處理結束，但就想著拖延到明天才做，後來發現這樣長期下來工作效率就很差，清理辦公區域後，忽然間變成今天較為困難的工作沒有辦法今天處理完，但一定至少處理到一個進度，明天持續一直處理到結案為止，這種概念就是「今天的事情困難，今日會做到一個階段」。所以「整理辦公區域」的成果就是「找資料」

及「工作的經重緩急順序」效率都得到提升,進而帶動我自己的運氣也越來越好。其實我也是非常懶惰的人,除非要到非整理不可的時候,才會去做整理,所以之前我待過的單位牆壁上有貼一個標語叫「物有定位」,意思就是指物品放置在固定的位置,便於快速找到和使用,使用後應將物品放回原位。這種方法有助於保持環境的整潔和有序,減少尋找物品的時間,提高工作效率和生活效率,所以建議你可以整理自己的「生活及辦公區域」一次,一定可以找到提升工作及生活效率的方式。

之前只要碰到我搬家或者家裡整理東西的時候,父母為了常年用不到的東西,不知哪些要留哪些要丟,互相鬥嘴,臉上總是捨不得的樣子,總之,我最喜歡在此刻看到他們臉上複雜的表情,很像小孩子一樣,覺得很好玩。從「整理生活區域」,我也發現可以增加親子互動的關係。日本作家山下英子、收納女王近藤麻理惠等人極力提倡的「斷捨離」,指出將以往囤積的雜物扔掉代表真真正正的「失去」,每個人感性上或多或少會感到難受。但他們會這樣認為:「我其實並沒有扔掉,只是贈送給別人了。」[60] 所以從我們整理東西完轉送給公益團體回收再利用,就是說明「斷捨離」最大的效益,建議你從整理自

---

60 參考自關鍵評論,〈為何「斷捨離」總是創步維艱,心理學教你克服〉,https://www.thenewslens.com/article/134911

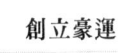

己「生活區域」開始，從中找到屬於自己工作和生活方式，進而帶動人生進步的動力。

人生有機會一定要跑一次半程「馬拉松」，可以看到生命的光點

　　我在軍中有體能訓練，因為每年要鑑測三千公尺，但頂多在營區跑過五千公尺，從來沒有跑過馬拉松的經驗。有一陣子民間很盛行辦「馬拉松」的活動，我就鼓起勇氣參加半程馬拉松，跑完全程需二十一公里，當下我只想著不管跑或走，一定要完成全程的比賽，那天開跑是早上六點半，一開始起跑我就用衝的，大概十公里後，身體就開始不舒服了，主要是小腿抽筋，看到補給站剛好有緩和肌肉的貼布，貼完之後就開始用走的方式，一直到終點。現在回想起來，我不能將軍中體能訓練的速度當成馬拉松的速度來跑，馬拉松因為距離很長，每個距離須有一定的配速，不是一直衝就好，除非是長跑選手才能需要。後來再參加一些半程馬拉松的比賽，我會配速好再跑。馬拉松這項運動讓我最感動的地方有三點：第一，不管你今天用跑或用走的，沿路都有志工替你加油歡呼，還有遇到志同道合喜歡跑步的跑友，這是我內心未曾有的悸動，差點噴淚；第二，臺灣真的還有很多漂亮的風景，這些都是跑馬拉松時沿途欣賞才可以看得到，不然平常出去玩只會找特定大的景點去玩，哪可能循著馬拉松的路線去欣賞風景；第三，就是馬拉松的時間已經結束，看到還有人保持「永不放棄」的精神繼續跑完全程。這三點讓我看到「馬拉松」生命的光點。另外，我最近剛好看到 FB 的短視頻，片名叫「堅持到最後的馬拉松比賽」，在一九六八年的墨西哥城奧運會，有一位坦尚尼亞的選手叫阿赫瓦里，他是第一次參加奧運的馬拉松比賽，就在比賽當天，一開跑不到五公

里因碰撞而摔倒，膝蓋受傷，肩部脫臼，但他並未這些原因而退出比賽，反而是一路慢慢繼續跑，當馬拉松比賽結束，甚至頒完獎，大家已經解散離開會場了，此時會場外還有一個人還在繼續慢慢跑，那就是名叫阿赫瓦里的選手，有一名記者問他說：「明知道毫無勝算的比賽，為什麼還要拼命跑下去？」他堅定的回答道：「我的國家派我飛了五千英里來墨西哥城，不只是讓我參加比賽，而是要我完成比賽。」[61] 他的這段話使很多人感動，包含我也是，而他也受到遠比冠軍更隆重的待遇，還在這場比賽中如願找到他的歸宿。所以，我看到這部短視頻的心得就是一個選手不畏身上的病痛，誓死達成國家給他的使命。從一個「馬拉松」選手身上，讓我見證一個人有無限的潛能。

雖然我只有參加幾場的半程「馬拉松」，還沒有去參加全程「馬拉松」，但總有一天我一定會嘗試，看自己的實力到底可否跑完。自從參加半程馬拉松後，真的感覺到人生會不一樣，尤其在培養「意志力」，因為每跑一步，就跟自己說一定可以跑完，而且可以做到「跑到終點線」的精神，猶如阿赫瓦里選手一樣。除此之外，從跑步中可以訓練自己的肺活量及呼吸，從短距離循序漸進到長距離，直到跑完馬拉松為止，突破自己完成一件事情。所以建議你有機會至少參加一次「半程馬拉松」，會發現屬於你生命的光點。

61　參考百度百科，〈約翰‧史蒂芬‧阿赫瓦里〉，https://baike.baidu.hk/item/%E7%B4%84%E7%BF%B0%C2%B7%E5%8F%B2%E8%92%82%E8%8A%AC%C2%B7%E9%98%BF%E8%B5%AB%E7%93%A6%E9%87%8C/5220891

「少壯不努力，老大徒傷悲」可搭配「大器晚成」驗證

　　以前要考秀才或狀元，需要準備一段很長的時間才能赴京趕考，如果一次沒中舉的話，就要再過一段很長的時間才能再次赴考，如果後續再沒有考中的話，就容易意志消沉，沒有再去赴試的動力，改從事販賣或耕作為生，就這樣生活一輩子了，因此才會有「少壯不努力，老大徒傷悲」這句話。但是，我認為「少壯不努力，老大徒傷悲」這句話，現今可用「大器晚成」去做驗證，因為現在受教育的機會變多，很多人努力過但考試結果不理想，就先去工作，從工作磨練中找到對讀書的熱情，把以前沒學好的部分做學識補足，然後辭掉工作回到學校進修，甚至還有些人出國進修後留在國外工作，那時候才是真正找到人生的方向，有種「大器晚成」的感覺。

　　另外，我也看到新聞報導，本來是學成歸國要找工作，學歷非常大器，結果眼高手低，導致工作接連不順，索性就再也不找工作了，在家啃老，從來沒有學習面對逆境如何生存，這也是另類「老大徒傷悲」的情景發生。現代父母親期待望子成龍，望女成鳳，子女活在父母的期待中，因為大多數父母親認為讀書才能出頭天，結果子女依照父母親的期待，活到最後也不是自己要的人生，這也是「老大徒傷悲」的情景。

　　從前述二種「老大徒傷悲」的情況來看，都是少壯有努力，只是努力的方向錯誤，導致年紀大了才後悔莫及，所以我認為現代少壯不會讀書，真的沒有關係，可以先去職場磨練自己，從工作中慢慢探索人生，猶如「大器晚成」。美國作家里奇・卡爾加德就是一例，他僥倖申請上史丹佛大學，但學業平庸無奇，畢業後曾經當洗碗工、夜間

保全,最後才找到自己真正有興趣的事,最終在矽谷創辦了一本高科技雜誌,最後成為《Forbes》發行人。[62] 另外,我以前頭腦尚未開發,非常愛玩,不愛念書,每次考試都不是很好,只能歸咎自己上課不認真,再加上我下課也不喜歡寫作業及複習功課,所以每個科目都呈現不及格的情況,直到畢業進到軍校後,才開始改變讀書的習慣。因為軍校不能翹課,只能待在教室好好上課,我就利用晚自習把書拿出來好好複習,增加我對讀書這件事情產生興趣,進而休假時常逛書店培養閱讀的習慣,然後,慢慢地我就開始對「學習」產生興趣,後來還念到研究所畢業。所以我的軍旅生涯就是讀書→工作→讀書→工作,一直循環,就像三明治課程原為英國大學為使學生透過實務工作之體驗,建立踏實的基本能力而設計,其特徵在於學生的校內學習活動與校外的工作實習交換進行[63],學生實習的場所或部門必須與學生本科符合,如商科學生在商業機構實習,工科學生在工業機構實習,學習與工作成效皆為良好。我認為自己沒有達到「少年不努力,老大徒傷悲」,而是「中年才努力,老大不傷悲」,而這可用「大器晚成」來驗證,我就是一個活生生的例子。建議你若現在對學習沒有興趣,沒關係,去工作職場學經驗,等到哪天大腦開竅後,一樣可以「大器晚成」。

62　參考引自城邦讀書花園,〈里奇・卡爾加德(Rich Karlgaard)〉,https://www.cite.com.tw/publisher/authors/32990

63　參考維基百科 < 三明治課程 >,https://zh.wikipedia.org/zh-tw/%E4%B8%89%E6%98%8E%E6%B2%BB%E8%AA%B2%E7%A8%8B

「身體的健康程度跟工作執行的順暢度」會成正比

我曾看到一個短視頻介紹香港首富李嘉誠[64]的人生,他曾說:「身體有宿疾盡量不要創業」,因為創業過程中壓力真的很大,面對資金調度、工作決策、創新策略等等之類的事,身體有隱疾都難以承受工作很大的負荷,所以創業的時候身體一定是健康的,這樣面對工作各種壓力才能適應及突破。還有另一種情況,很多公司董事長的兒子或女兒在國外念書,因為種種原因下,公司需要這些孩子回來企業幫忙,重點是這些孩子連去社會底層工作的歷練都沒有,就只能接受公司委派重要職位,例如裕隆汽車吳舜文女士[65]身體因素,就請她兒子嚴凱泰先生回國接副總,後來我念研究所讀了嚴凱泰先生奮鬥的故事後,發現他沒有在公司基層工作歷練,一回國接了重要職位,工作的每個階段都是重大決定,這樣慢慢會壓垮他的身體。讓我想到當初剛去部隊開始工作,那時候腸胃真的不好,主要一位剛新進的菜鳥,對環境整個不熟外,還有怕自己的表現不好,那時候很在乎學長對我的看法,還有加上常常趕加班作息不正常,所以身體確實常常滿差的,在工作執行的順暢度會比較差,做什麼工作都會凸槌,才發現當時我真的不適合長期做修護的工作。後來有機會讀書再去進修,當做休息,這樣身體會比較健康一些,然後又有一個機會調到學校單位的時候,身體

64　參考維基百科 < 李嘉誠 >,https://zh.wikipedia.org/zh-tw/%E6%9D%8E%E5%98%89%E8%AA%A0
65　參考維基百科 < 裕隆汽車 >,https://zh.wikipedia.org/wiki/%E8%A3%95%E9%9A%86E6%B1%BD%E8%BB%8A

就慢慢變好，執行工作越來越順暢，一步一步調整身體和工作上的平衡，就可以將工作每一項都如期完成，還可以預劃未來的工作進度安排，美國心理學家艾力克遜教授提倡的：「生活周期與心理健康息息相關的，就是新進人員適應急遽變化的環境，遭受未曾工作經驗的壓力。」[66] 如同我剛去部隊的過程一樣，還有正在創業過程的年輕人，以及準備接家族事業的重要位置，都是環環相扣的。

我認為身體只要有小磕、小碰、小傷等等，也會影響工作執行的效能，因為在工作的時候會在乎這些傷口，沒有辦法一心二用，就容易影響工作執行的順暢度，尤其我們長期工作不可能每年身體都保持健康，一定會有感冒、受小傷或者擦撞，應該要先把小傷慢慢養好，如果該請假休息就一定要休息，不用在工作求表現而逞強，這樣身體長期下來會吃不消。所以無論如何身體永遠是排在第一優先的，先有良好的身體，工作執行起來才順利，這樣效率才會提升，另外，假設是碰到身體有狀況，無法負荷較大的工作，我會建議換較輕鬆的工作先做，也不見得看到別人負荷這麼大的工作賺那麼多錢，就一定要學習人家這樣，因為你的身體不容許這樣做時，就真的要放下，做輕鬆的工作，然後等到身體真的大大復原後，再適時考量換難度較高的工作。所以身體的舒暢度也跟心理、壓力、環境是息息相關的，一旦其

66　參考引自《哈佛商業評論》，〈別忽視新進員工的心理健康，三大行動給予幫助〉，https://www.hbrtaiwan.com/article/22743/how-to-support-new-workers-mental-health

中有一個情況沒有搞定，在執行工作上面難免會不順暢，還有任何身上的傷口也不容忽視，這都是會影響工作效率的一環。

不得已在晚上做「重大決定」，找出關鍵適合的方式

個體心理學表示，深夜的時候感性會比理性多上一半，白天大腦都一直在工作，訊息一直不斷接收，到了晚上，訊息接收少了，就會用來思考非理性的事情[67]。我認為通常晚上做重大決定，無非就是家人有事、朋友借錢、感情出問題及朋友發牢騷等等，有些事是需要建議的、有些事只是需要你聆聽而已、有些事是需要你做決定的，但如果發生在我身上，我一定會很謹慎的接電話聆聽對方需求並提出建議，至少讓對方先過這個難關，讓對方安心，可以好好睡一覺，白天的時候再做討論尋求解決的方案。所以我認為如果是很真心的好友，是非得要你晚上做決定的事情，一定要先去洗個臉及喝個水，清醒後要很認真聽對方把話說完，經過思考消化後，做出一個讓對方穩定的建議。另外，如果不是很熟的朋友，久久才聯絡一次，建議不需要太理會對方的請求，因為他們總是懷有目的性，不過也要記得給對方台階下，讓他們知難而退。

我發生在自身的經驗就是曾經凌晨接到父親的來電，說母親的身體有狀況要送醫院，我當時在軍中宿舍睡覺，聽完電話很敏感就從床上立即跳起來，此時我的心情瞬間不是很穩定，一直問父親有關母親現在的情況如何，心情瞬間很難過且說話不停顫抖，心裡很急且沒有頭緒，父親也發現我說話毫無邏輯，就不想說了，此時掛完電話我就

---

[67] 參考引自部落客白櫻，〈心理學家：不要在「夜晚時做決定」！極容易後悔〉，https://goodarticle.life/archives/3841

跟長官報告請假立即回家,在醫院照顧母親直到出院,才回到工作崗位。我現在回想起來,當時雖然處在很緊急的情況,首先跟父親對談的時候,先要了解母親的原因,確定要送哪間醫院,要做什麼樣的診治,以及當時家裡還有弟弟的小孩,如何受到妥適的照顧等等瑣碎的事情;經過一番對談做出初步的決定,進而再開始照事情的輕重依序處理,尤其凌晨聽到對方的電話需要做重大決定時,重要的就是穩定自己的心態,一字一句先聽對方把話說完,然後再把事情的優先順序定出來,才能找出關鍵適合的方式來解決。

其實我常常喜歡直覺[68]思考,也跟我在軍中工作有關,每次事情到我身上,就急著想趕快完成,沒有分辨這件事的輕重緩急,所以心思就如同開車開到底,不懂得轉彎,有時候做太快還容易出錯。所以根據過往直覺思考的經驗,就算是白天碰到工作有重大決定的時候,一開始情緒也難免會跟著對方起伏,就容易被這件事情的困難點困住,找不出頭緒,還會做出判斷上的失誤。總結,經過家裡的重大事情後,讓我現在有信心不假思索就辨別出重點,穩住情緒立即把事情按優先順序來處理,就像美國心理學家卡尼曼教授說的:「做決策一定要慢一點比較好,因為比較費時、費力及講究邏輯。」[69]所以經過母親的事

---

68 參考維基百科 <直覺(知識論)>,https://zh.wikipedia.org/wiki/%E7%9B%B4%E8%A6%BA_(%E7%9F%A5%E8%AD%98%E8%AB%96)
69 參考引自《天下雜誌》,〈心理學大師卡尼曼:重大決策,不要相信直覺〉,https://www.cw.com.tw/article/5031405

情後,不管是很急的事情,還是需要做重大決策的時候,我就會依卡尼曼教授所說的方式,決策過程中一定會費時及費力還有講究邏輯,但一定可以找出關鍵適合的方式。我建議如果你晚上非得要做出決定時,一定要謹慎、費時、費心,好好把問題中的關鍵找出來,提出有效的建議,這樣才能有效解決。

每個人的身上都有潛能的「開關」，有機會可成名天下

我最近收視〈楚漢傳奇〉這部電視劇[70]，闡述漢高祖劉邦曾經看到秦始皇的車隊路過一座城，然後眾人向他下跪，這時劉邦的內心被震撼到了，說出一段話，叫「大丈夫當如是也」，劉邦說的這句話突顯「秦始皇」統一六國成就霸業，他說將來也要像秦始皇的雄心壯志一樣一統天下。其實劉邦還沒成名前，每天渾渾噩噩過日子，看到秦始皇如此威嚴巡遊天下後，人生下定決心改變，每天練劍、讀四書五經、甚至研究權謀，廢寢忘食地往目標前進，直到滅了秦二世胡亥及楚王項羽後改朝換代，著實讓我佩服，但是要怎麼讓自己身上的潛能開關被啟動呢？我的想法就是，你每天的生活中一定有某件事讓你很有感覺，而且做下去後就無法回頭，就算碰到任何困難，也絕不退縮，以達成目標為目的。換句話說，就是做了能有劉邦這樣的情況外，無形中還有很多貴人前來幫忙，形成一個強而有力的團隊，各司其職，而且上天會把你的團隊帶入正確的位置，也能克服種種困難，直到影響更多人前來幫忙。所以「潛能的開關」一定可以在每個人身上找到。

之前我從手機的短視頻看到一段故事，有一位做麥當勞的店員因為晚上下了班，看到外面的天空星光閃閃，對於這些閃耀的光點產生好奇，潛能突然啟動，下定決心經過重重的努力，成為一位天文學家。還有一位美國酒吧的老闆，有一天到義大利去旅行，經過米蘭的時裝

---

[70] 參考引自維基百科電視劇，〈楚漢傳奇〉，https://zh.wikipedia.org/zh-tw/%E6%A5%9A%E6%BC%A2%E5%82%B3%E5%A5%87

街,看到每家賣時裝的布料,竟然心曠神怡,潛能也被啟動,就關掉自己的酒吧,學習各種布料買賣,變成時尚剪裁大師。這讓我非常好奇,其實這些人本來一開始也是沒有目標,可能想說就在平庸的人生過程中突然看到一個景象或者廣告,甚至有人引薦,促使身體內有一股潛力突然被激發了,進而努力地尋找未來的目標,結果竟然造就一個優秀的人生過程。這樣的故事其實每天都在上演,就拿我的例子來說,國中畢業後其實也沒有什麼多大的目標,為了家計就選擇軍校,在軍校讀書過程中,我很喜歡看教官的教課和說話的方式,不由自主地被他們的個人風格所影響,不知不覺就學了起來;還有在軍校就會有機會去擔任實習幹部,進而到了部隊也是擔任帶班班長,這些工作都有機會站在群體前面說話。所以我回學校上士官長正規班時,有一堂課叫「語言表達」,目的就是訓練自己的思想邏輯,能整合排序清晰表達讓對方聽清楚的語言,讓我覺得自己身上有這股潛能被啟動,就開始想著以前教官的上課方式、看書及上台練習說話,促使我將來有機會教書,甚至寫成一本書,這都是相當不容易的。就如同美國心理學家海倫‧費雪博士提出:「癡迷的狀態會點亮我們大腦內的獎賞系統,這個系統關聯著渴望、尋找、興奮、注意力的焦點、動力和占有欲等。」[71] 這也就是我前面敘述的,麥當勞店員及酒吧老闆尋找興奮

---

71 參考引自女人迷 Womany,〈「常常滿腦子都是某人」關係心理學:為什麼我們會陷入迷戀?〉,https://womany.net/read/article/22825

的焦點，且重點是點亮及癡迷的狀況一直維持。我建議不管在什麼層次的人生，如果還想更上一層樓，一定要想想身上還可以為這社會貢獻什麼，進而找出身上的潛能開關啟動，一旦找到後，要循序漸進地分成好幾個小目標，達成屬於自己能完成的目標，就有機會可以成名天下。

人生準備好 0.5% 夢想就可以蓄勢待發

　　說到我母親是一位奇人,她從年輕到現在做的工作真的是五花八門,曾做過的事情有醫院護佐、居家看護、鑰匙加工、修紗門、水泥工、碼頭卸貨人員及現在修改衣服的工作,因為在母親學歷只有國中的情況下,找工作確實會碰到困難,很多工作都是基層的勞力工,所以在薪資很低的情況下,不斷換工作無非想掙點錢,主要用來繳房租以及我和弟弟的吃飯錢。母親工作完一定會留一點錢給我們兄弟倆吃點心還有晚餐,直到我們兄弟倆進軍中之後,就沒有讓母親操心錢的問題,這樣一來可以替家裡省錢,二來母親可以找她喜歡做的事,不用再對我們未來發展感到操心及擔心,就這樣一路上讓母親對我們感到放心、安心及貼心,這也是我最想看到的畫面,尤其我們兄弟倆一起在去年退伍,讓父母親感到很大的安全感。

　　我母親曾懷揣夢想過,主要契機是鑰匙加工工作外移到別的國家開始,在二〇〇七年,母親想說來做修改衣服的工作,這樣子一方面可以修改更多孤苦的老人、廟裡的師父衣服等,二來可以從中學習更多的修改技術,而且順便賺點生活費。就這樣母親說出想「修改衣服」這 0.5% 的想法,但實際什麼都不會的情況下,父親和我就幫助母親將大門的玄關修改成衣服工作室,但因為後來夏天常常被蚊子叮,工作室又再移到客廳,這樣前前後後花了將近半年的時間;同時也去做招牌,直接放在家裡門口,還有去買修改衣服的機器,一切都是在粗糙的情況下就完成開業,還好母親遇到一位會修改衣服的貴人,她很熱心地教母親,說:不用緊張,如果客人來了有不會的,來我這裡,我

教妳怎麼突破。就這樣一次一次地突破修改衣服的困境，建立母親修改衣服的信心，尤其當時她在完全不會的情況下，為了打下基礎，研究衣服和修改的時間常常到凌晨。當時我看她是樂此不疲地一直完成每件衣服的修改，常常突破了一個修改方法後，就很興奮地跟我們分享，讓我對母親這個夢想更加有信心，如同匈牙利心理學家米哈里教授在一九七〇年代時發現：多數人工作一天之後筋疲力盡，但是有些人會在工作一整天之後，竟然還精神抖擻，他發現尤其發生在特殊的精神狀態中，當你在極度專注、完全沈浸其中時，效率和創造力會提高，因為你忘記時間、忘記飢餓、甚至忘記所有不相干的身體訊號，這神秘的現象叫做「心流」[72]。母親之所以這麼積極投入「心流」的狀態，我認為最主要的因素有三個：第一是熱愛夢想使自己完成想做的事；第二是挑戰性，沒有做過的就嘗試看看，試了就知道適不適合；第三是有明確的目標，並且知道大概的步驟。這三個因素就驗證母親真的只有 0.5% 的夢想就可以蓄勢待發，這其中雖然還要看當時環境、時間、人為的情況去考量適不適合，但如果只有想法，卻沒有去執行的話，也是紙上談兵而已。所以我建議當你的夢想一旦有初步的規劃時，就可以開始做粗糙的執行，假設碰到變化做個滾動式調整，直到達成人生的夢想實現為止。

---

[72] 米哈里・契克森米哈伊，《心流》，2023 年。

習慣篇

好的習慣要靠自己建立

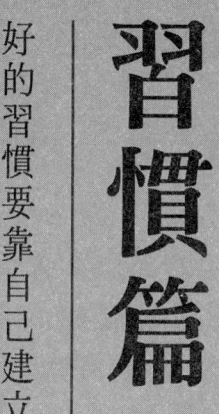

做錯事一定會加速「因果變化」的循環

我們做任何事就是要行正道,明事理,辨是非,然而還是有些人明知道做錯事會得到報應,但仍然還是要去犯錯呢?我舉偷竊及嫉妒兩種行為為例,這二種行為是我曾經犯過的錯誤,第一無非就是當下有偷機取巧的心,偷別人的東西當做自己的,會成為習慣,有一就有二;第二還有嫉妒心太重,見不得別人好,看到別人考取功名或者擁有好東西會嫉妒。這兩種行為我現在回想起來都是令自己痛苦和不解,甚至發現容易加速因果變化,造成很多行事不順及功名未考取,生活中舉例二個活生生案例。

第一,母親會把生活所需的錢放在佛桌抽屜裡面,有時候我會偷偷拿家裡佛桌裡的錢,沒有被母親發現,因此自己存在著僥倖心態。母親有一次發現我有這樣的行為,就斥責我,但我也是不怕,一直食髓知味,直到有一次母親買菜的錢不夠,就真的打我了,當時我意識到這樣下去是不對的,就跟母親主動道歉。現在回想小時候真的不會想,以偷錢來解決自己買想吃的零食或玩具的欲望,剛開始時不會出現問題,但如果這筆錢是要用在生活所需,就會讓問題越來越大,這樣做會造成家裡面的困擾,我相信紙會包不住火,犯法的事總是會被揭穿的。所以,凡事要尋找合適的方式來解決,不是偷東西就可以解決,而是要用正常的方式來獲得。

第二,以前當我看到別人發展的越來越好,自己心裡總不是滋味,為什麼那個人不是我?嫉妒使我有些時候運真的不好。有時候遇到小考或大考,明明已經準備好了,怎麼出的考卷題目都不會寫;又或者

今天想要完成的事情碰到釘子或被對方刁難等等，如今回想起來，應該去思考別人今天會發展的如此順利，他的背後一定付出不少心酸，而且一定是抱持祝福別人的心態。後來，我就慢慢把「嫉妒心態」轉化成「祝福別人」的想法，無形中發現運氣真的逐漸變好，也因為如此，我想完成自己寫書的心願就開始得以順利。

其實後來到了部隊工作後，我常用「因果變化」加速循環的想法處理每件事，就是知道做了會得到哪些的果報，一些好的想法可行就大力去做，一些不好的想法根本連想都不用想，所以奧地利心理學家海德所提「樸素歸因理論」[73]，意為因果變化就是歸於個人，而「行動者」就要對其行為結果負責，從中得以發現自己的問題，且不能推卸。上述我犯的兩種行為容易加速因果變化的速度，而且馬上就得到驗證，現在話語稱為「現世報」，建議你要做任何事情之前一定要謀定而後動，要清楚事情的發展所產生的效應，所以一開始思考就要謹慎，年輕總是會犯點錯誤，但一定要把「因果變化」的關係放在心中，做任何事情才會順利。

---

[73] 引自 MBA 智庫百科，〈海德的樸素歸因理論〉，https://wiki.mbalib.com/zh-tw/%E5%BD%92%E5%9B%A0%E7%90%86%E8%AE%BA

我的「心流」延伸助人且自我成長

自有記憶以來，我在學習一件事物的時候，常沒有耐心和毅力，尤其是高中聯考之際，發現我的國中所學基礎未打好，也錯過每個階段應該得到的學習成果，所以聯考成績不是很理想，警覺到可能一間學校也不會上榜。不過幸運的是那時有一位同學找我去考軍校，而當年的軍校隨便考都能進去，我才得以脫離沒有學校可念的困境，到現在很感謝當時的那位同學，假使沒有他的幫忙，我很有可能要投入職場工作，也許工作多年以後才有機會能回到學校進修。

軍校時期，在生活難免枯燥乏味也無法翹課情況下，我從中找到一個喜歡的事物，那就是在晚上晚自習的時間，沒有課業壓力的時候，好好研讀喜歡的課外讀物，尤其對心理勵志的書籍更是喜愛，就利用晚自習學習時間靜下心，把一本勵志書籍慢慢看完。一開始買的都是圖畫的書籍來看，然後漸進式的再買圖文並茂的書籍，最後練習看全文字的書籍，然後跟同學分享這本書的心得，有些同學因為我的看書方式，也成就他們能看完一本書的功力。我的一個動作，也可以帶領其他同學完成。另外，這種看自己喜歡的勵志書籍產生的「心流」狀態，連我都沒有發現自己擁有可以看完一本書的潛力，這也是學習生涯突然發生這麼大轉變的緣由。有一次我看到一本書─《心流》，這本書也值得大家去看，這是由匈牙利裔美籍心理學家米哈里·契克森米哈伊首度提出，「一種將個人精神力完全投注在某種活動上的感覺；

心流產生時同時會有高度的興奮感及充實感等正向情緒。」[74] 原來這本書驗證了我當時投入喜歡的事，這種心流的感覺最後會產生正向情緒，當投入喜歡的事情越多，真的會延伸協助他人成長，因此我就開始喜歡投入大量學習，什麼書都願意去看，從勵志的一直到專業的書籍，都當成「心流」去投入，直到在軍旅生涯退伍後有機會能回母校當一位教師，去傳道、授業及解惑，還可以讓更多人學習我的想法，助人且自我成長。

回想以前都不敢想的事，從連一間學校都沒有考上到竟然可以去教書，這真的太神了，其實關鍵點是我對喜歡的事物產生高度的興奮感，並且一直不斷的投入，所產生極大的效果。另外，投入喜歡的事物也可以比喻成看故事書的心態，想知道並期待故事裡會出現什麼情節，你就要一直不斷的看下去，最後會讓你養成習慣，跟你喜歡的書延伸有相關的書籍，都會拿來一起看。到現在，看書這件事變成我現在的律動，延伸至工作也是如此，我很喜歡處於「心流」的狀態，做自己喜歡的事，並一直維持下去。建議你找一個你喜歡投入去做的事，好好讓自己處於心流狀態，研究其中的精華及奧秘，便可以在人生每個階段有所成長，進而改變自己的人生，帶給後進的年輕學子去仿效。

74　米哈里‧契克森米哈伊，《心流》，2023 年。

「適時放手」，可以看到很多意想不到的驚喜

每次看到新聞報導有關小孩因學習成績不佳、父母親要求高標準情況下，結果導致小孩去輕生，我的心裡面難免都會糾結。每年都會折損一些未來國家的棟樑，這些小孩來到世上只有短短 10 或 20 幾年就離開人世，為什麼這些小孩已經盡了自己最大的努力，換來的是道德綁架、肢體霸凌、冷嘲熱諷，最後導致自己做事很自卑或都沒有信心，最後落入不好的結果。另外，我看到最奇特的現象，不外乎是父母親拿小孩之間做比較，還有在同學之間比較，甚至老師以高標準的對待，這其中共同有的一個心態叫「比較」，這很容易成為無形的殺手，從家人、老師、同學可能都是共犯的對象。在此時的小孩心態上想法單純，只知道一直讀書，並沒有察覺自己的身心靈是否有創現象，在課業上壓力式的要求自己，甚至讀書讀到會懷疑人生，明明對讀書沒有興趣，不懂反思這個生活是我想要的嗎？此時此刻，我想到歌手周杰倫的「稻香」[75]，這首歌詞滿勵志的，尤其有一段說「追不到的夢想，換個夢不就得了」，所以我希望看到此書的家長或老師，能改變一下自己的想法，想法適時轉彎一下，「放手」也許是最好的選擇。

為什麼說「放手」是最好的選擇？我說的「放手」不是全然都是放手給小孩做，而是有些合理狀況可以放手去做，老師、父母、同學

---

[75] 參考維基百科 < 周杰倫（稻香）>，https://zh.wikipedia.org/zh-tw/%E7%A8%BB%E9%A6%99_(%E6%AD%8C%E6%9B%B2)

可以從旁擔任監督的角色，比如說成績不好的時候，鼓勵小孩可以參與課後輔導，或者觀看線上影音解題教學，再學不好也沒有關係，這科就只能「適時放手」，也許到畢業，這科都會不及格，甚至當掉也無所謂，就強化其他強項的科目；或者不讀書的小孩，對拍短視頻或對抖音影片有興趣，就可以朝這個方向發展。蘇聯著名教育學家馬卡連柯說：「父母對自己的子女愛得不夠，子女就會感到痛苦，但是過分溺愛雖然是一種偉大的感情，卻會使子女遭到毀滅。」[76] 從馬卡連柯教育學家所說的過份溺愛是如同父母給小孩壓迫式的愛，其實應該給予孩子適時的自主權力，不要剝奪他成長的機會，父母應該學習尊重孩子的想法，放手將「決定權」交給孩子，讓孩子從小開始學習做自己的主人，父母從旁當「旁觀者」及「協助者」的角色，適時提醒或給予更好的建議。另外，我覺得「適時放手」也延伸出一個最有趣的現象，就是看著小孩利用自己喜歡的專長竟然可以深入鑽研，比讀書還有興趣，結果專心研究後成為一位專業達人。所以「適時放手」，可以真的看到很多驚人的事情發生。

最後，我想表達的是每個階段都是「天生我材必有用」，倘若讀書真的不是自己的興趣，就去學習自己喜歡的科目，進入職場做自己不喜歡的工作時，也要學習獲得其他的工作技能，因為這可能成為讀

---

[76] 參考引自禾禾商學院，〈愛是放手，不是掌控〉，https://hohoihappy.com/%E6%84%9B%E6%98%AF%E6%94%BE%E6%89%8B%EF%BC%8C%E4%B8%8D%E6%98%AF%E6%8E%8C%E6%8E%A7/

書和工作延伸的「第二曲線」。「適時放手」,給自己一個機會好好發揮,並把自身的潛在能力發揮,就能看到很多意想不到的驚喜發生。

開車的品性需要「德至配車」，才能駕馭無阻

　　常在新聞報導看到一個現象，就是一些年輕人開進口名車比年長而事業有成的人，更容易在路上出車禍，這讓我思考會開名車的年輕人，有些是富二代、投資客及本身就是對車很有興趣的人，當駕馭名車時多半會顯現出驕傲性格品性，所以會將名車當成跑車在開；另外一種就是在「炫富」心態的影響下，自然而然在路上開車會產生優越感，開的速度就會越來越快，車禍風險相對的自然提高，導致事故發生最後常常家人收尾。每次播報類似新聞時，通常多半這類家庭的父母平時管教方式就是放任，等到出了問題才檢討，這種類似事件常常上演。另外開車一定要穩住自己的情緒，例如有種人只要遇到塞車或者有人按喇叭，就會不甚厭煩，抱怨連連，或者為了名車被擦撞，情緒較差的找對方理論，甚至常鬧上警局的事件時有所聞。

　　所以我從19歲拿到駕照時，就對自己說不論開什麼車，載人就要安全送達，叮嚀自己在疲累狀態也不可以開車上路；還有在開車時不斷修正自己的開車技術，例如，上車一定要繫安全帶、事先把目的地的路線了解清楚、開車載長輩時踩剎車需緩慢，還有多善用方向燈，所以我開車遇見三寶時，多半保持耐性，除非對方真的太誇張，才會按喇叭示警，不然在合理範圍都盡量讓對方先行，慢慢從開車中修正自己的品性。就因為我開車保持正確的思維，無形中容易遇到好事，例如到了一個熱鬧地點，停車位就容易找得到，還有剛好找到不用錢的停車位。最重要的是開車一定要平安順利，定期保養到了就一定要去保養，這樣不用怕在路上會拋錨。另外，車子買來要把它當成一個

愛人,應該好好關心、耐心及貼心,我常看到很多人會一直換車,換好車是一件好事,但有的人換車就是好像換愛人一樣,沒有好好與剛買的車培養感情,單純做車輛買賣,當做投資一樣,一看到其他更好的車就馬上賣掉。所以我認為開車的品性需要有良好的性格、駕車的穩定度及細心選擇一台好車。

　　美國經濟學家與社會學家托斯丹‧范伯倫曾提出「炫耀性消費」(又稱奢侈品),是用來突顯身分、地位,財貨的價格越貴,炫耀性消費者會寄望於通過此種行為來維護或獲取期望的社會地位[77],所以大部分年輕人喜歡開進口車,不願開國產車,除了有品牌迷思外,亦有炫富的心態。我認為車子能開就好了,不要太在意它是什麼品牌,開車的品性良好,就能駕馭所有車。為什麼那些事業有成的人開的車都蠻高級且很穩重?因為性格穩重、內斂及謙遜,才能駕馭一台進口高級的好車。所以我們命中會開何種類型的車,都是因為自己的品性,如果自己的品性還沒有達到駕馭豪車,硬要開也終究會失去,因此平時開車的時候也可以鍛鍊自己的品性,才能「德至配車」,能找到屬於自己可以駕馭的好車。

---

[77] 參考引自維基百科,〈炫耀性消費〉,https://zh.wikipedia.org/wiki/%E7%82%AB%E8%80%80%E6%80%A7%E6%B6%88%E8%B2%BB

「人生有時適度無情」如同人際關係需要「斷捨離」

　　我相信每個人來到這世界上都想當好人，因為要一直成為善良的人真的太難，包含我也是，我知道自己的心很軟，有一些朋友或者同學經常拜託我幫忙，就一定要把對方交代給我的事如期如實完成，曾經有一件讓我最難過的事，就是同學家裡有難，跟我說要借錢，我就毫無考慮的借他，但到該還錢的時候，他說再緩一下，他會去湊錢，我就說沒問題。但後續我也一直在忙，就忘了此事，後來有一次我在路上碰巧看到他，就讓我想起此事，跟他提說還錢的事，結果他的臉色很難看，又假藉其他理由沒辦法還錢，讓我不能接受，我的口氣就變得不是很好，就跟他說我有急用，你今天一定要還我錢，然後他當場去提款機領錢給我，不是直接當面交給我，而是直接把錢丟在我身上，讓我對這個同學的行為感到遺憾，我再也不需要結交這位同學，讓我人生第一次無情的把這位同學聯絡方式全刪了，也讓我學到教訓，看清一個人的行為。從這件事之後，我就再也沒有借錢給任何一個人，包含我最熟識的朋友都一樣，不能因為借錢導致感情失和，這種事一定要無情，讓對方也感受到我不是好惹的，有時候人生適度無情如同人際關係需要「斷捨離」，才能從中找到自己真正的知己，但對這件事無情也不會就讓我對於任何事感到冷漠，而是依然抱持善良的心對待別人，不過有時候看到不公不義的事就要勇於說出來，不然痛苦的是自己。有些事需要適時的無情，人生才會豁達。

　　美國心理學教育家卡德拉·謝麗指出：「情感脫離是指與他人的感受脫離，跡象可能包括：迴避他人或活動、難以同情他人、難以向

他人敞開心扉、與人失去聯繫、更喜歡獨處等。」[78] 我就是如同教育家說的，被傷害過會情感脫離，會難以向他人敞開心扉，但我不失善良的心態，對方真的需要幫助的事在合理範圍內一定幫，如果超出我的期望而且不合理範圍絕對不會幫，這樣才能找出哪位朋友和同學是真正體諒我的人，達到雙贏的局面。雖然「適度無情」這四個字不容易做到，嘗試過才知道這樣對自己的心理及人生道路有幫助，但我還是願意以善良的性格對待，例如曾經在軍校住宿時，我跟三個同學住在同寢，結果有一位同學帶違禁品被查到，實習幹部說沒人承認就一起受禁足處份，但我在當下勇於說出來是那位同學帶的。其實我現在回想起來，當時我個性太直了，沒有顧及同學的面子，就直接說出來，應該是請同學私下找實習幹部坦承，這樣才不會很尷尬，不過另一方面想想，本來是誰的違禁品誰就應該承擔責任。所以我建議大家如果碰到類似我這件事的時候，善良還是在前頭，如果觸犯你的底線時，該適度無情就無情，不需要客氣，才可以辨別哪位才是你可以共患難的朋友，但同時還是抱持善良的心去面對這個世界，因為還有很多志同道合的朋友在等著你去發現。

78　參考引自 yahoo 新聞，〈你會突然變得冷漠嗎？〉，https://hk.news.yahoo.com/%E4%BD%A0%E6%9C%83%E7%AA%81%E7%84%B6%E8%AE%8A%E5%BE%97%E5%86%B7%E6%BC%A0%E5%97%8E-073908601.html

「不好意思」這四個字的力量是化解不必要的麻煩

　　我在跟長官做侍從的時候，常常聽到其他同仁在講電話的時候用「不好意思」做開頭協調事情，然後掛上電話都看到他們臉上滿是笑容，讓我有些好奇，我就會詢問他們：你們講電話時先講對方的人名加「不好意思」，這樣開頭會有什麼意義？他們通常回我說，這樣會有二個好的意義，第一是協調事情時，降低這件事帶給對方的壓力，讓對方聽到「不好意思」較有安全感；第二是聽到「不好意思」這四個字表示這件事協調上會較順利，而且假設協調不成，對方還會做建議替代方案，從中跟對方維持不錯的友誼。我也開始學習同仁用「不好意思」去做開頭，真的體會同仁跟我說的二個好處，尤其對方就算沒有辦法提供實質上的幫助，也會做出良好的建議，所以「不好意思」做為開頭，已經變成是我的辦公室常用慣語，甚至影響到我們其他同仁也是如此。另外，我覺得這四個字還可以延伸去家庭及朋友面，一開始我跟父母及朋友這樣說有不習慣的地方，會變得很害羞，而且他們認為我這樣說話腦袋是不是有問題，那麼正經八百的，他們很不習慣我的用語。不過當我解釋之後，他們都能認同我說話的開頭加「不好意思」，主要是讓家人及朋友覺得我注重事情的重要性，而且可以相互達成共識外，尤其讓我感覺神奇的地方，是每次講「不好意思」之後，氣場會無形中瞬間產生一種祥和的對話，讓我有嚇到的感覺，真的跟我以前的表達方式大不相同。後來我將「不好意思」這四個字做為常態的說話方式時，發現可以放在開頭說，也可以放在對話過程中說，甚至可以放在結尾說，怎麼說都是好的變化，這種感覺讓我真

的滿喜歡，常常可以化解一些不必要的麻煩。

　　儒家思想是維持群體關係而不是建立個人關係，所以「不好意思」這四個字通常會先站在對方的角度去思考，例如，我們大部分的人會覺得你又沒有做錯什麼，幹嘛一直說不好意思，而且哪來這麼多的抱歉、內疚與自責？為什麼會看低自己的價值到這個地步？這是源自日本社會的一種文化：不想給別人帶來麻煩。尤其在小學課本的《國民生活須知》裡面，一開始就教導很多事不可以給別人添麻煩，要隨時隨地注意自己的行為[79]。我認為說「不好意思」這四個字是禮儀之交，也是站在對方的角度去思考的啟始語，也是降低風險的開頭，有時候這四個字要精準使用，除了放開頭、過程及結尾外，有些對話不需要表達這四個字時，就不要一直表達，沒有必要先自我矮化、抱歉、內疚與自責，這才是這四個字的重點所在。盡可能在一場對話過程中，精準的將這四個字放在什麼位置才是最重要的，例如協調及請求別人協助時可以說，但如果你本來就要幫對方解決事情，就不需要講。這四個字一定要精確使用，它有時候對你有幫助，有時候也會無形中矮化你，甚至說多了會讓對方覺得你很虛偽，所以建議你要說這四個字的時候，一定要先思考並放在關鍵的位置，才能發揮這四個字的意義，並降低很多不必要的風險。

---

[79] 參考引自圓神書活網，綜合話題，〈日本人和台灣人最大的不同〉，https://www.booklife.com.tw/baike-detail/2/559

人生沒有辦法掌握有把握的事，就先好好睡覺

「晚上想想千條路，早上起來走原路」其實是我們每個人生活及工作的寫照，包含我也是，曾經在求學過程中想走一條讀書當歷史學者的路，但是環境、家庭因素，讓我沒有掌握自己未來想要做的事，後來走了一條軍人的路，是完全沒有想過的路線，但走到現在其實滿開心的，其實現在回想起來，當時真的是我的生涯規劃未知數。放心去睡覺，睡飽後再好好規劃自己未來慢慢可以掌握的事，重點在於用寬廣的心態去接受沒有辦法掌握的事，也許日子一久，就慢慢可以將真正沒有辦法掌握的事適度放棄，我更相信魚與熊掌永遠無法兼得。相信大多數人跟我一樣，在求學及工作過程中曾經有野心想完成的事，但隨著很多限制因素無法全盤掌握，這時候可以交給上天幫你再次規劃，一定會幫你規劃得人生美滿，因為我的軍旅生涯走了二十五年之餘時，發現每天做好自己的本份，上天無形中就會給你很多心想事成的想法，如果你發現一直沒有心想事成的感覺，就是沒有按照上天給你的規劃走，不過你此刻一定要使用逆向思維，也就是這是上天給你的考驗，通過考驗就可以掌握餘生。

接受身上所有發生的事，這是上天給你的考驗，無論是好是壞，並抱持感恩的心，這一切都會讓你成為優秀的人才；時間一久，讓你身上的氣場變得積極向上，甚至影響你周圍的人，也變得跟你一樣越來越好。我之前聽過一個管理學老師的課，這個老師曾敘述我們其實都沒有辦法掌握自己有把握的事，這個課程上有位學生反駁說我都有掌握自己有把握的事，從小到大按照自己規劃的來走，去國外學成歸國在一間大

學上班,並且娶了一位美嬌娘。然而老師反問他,你從國外回來你不是想去國立大學教書,結果有嗎?學生回答沒有,是到私立大學擔任助教職務,另外又問他,你娶的對象,之前你有說想溫柔婉約、小鳥依人,結果有嗎?學生又回答,其實這位老婆是屬強悍型,很多時候是要聽她的安排,還要看她的心情辦事,所以結婚很辛苦。老師接著跟他說,你確實是完成人生的目標,但在目標中沒有辦法掌握自己想要的,只能放寬心接受一切,所以我聽完這老師的課後,認為確實要用樂觀的心態去掌握可以立即做到的事,也就是指自己的本份,而沒有把握的事就只能交給上天為你做最好的安排,就像美國心理醫師特拉維斯曾說:「掌握自己有把握的事,才不會有無謂的困擾。」[80] 雖然我退伍了,之前想當教師的心思沒有改變過,但是隨著年齡、時間、心境轉換,反而想出自己的書來弘法利生,這才是此時我最有把握做到的事。現在我終於知道自己的長處是上台演說,就應該好好發揮。所以我建議你如果可以掌握自己的長處和弱點,並將長處和別人做知識分享,弱點則給自己強化改善的空間,這樣才能洞察自己有把握的事,如果短時間沒有辦法掌握有把握的事,就好好睡一覺吧。

---

[80] 參考引自《遠見》,〈心理醫師:真正自信的人都有 12 種特質!他們這樣讓自己更快樂〉,https://www.gvm.com.tw/article/39747

人生碰到困難,「誦經」是最好的選擇之一

我前面寫很多篇是「善種子」的觀念,主要以看善書領悟世間的道理來生活應用為主,另外善書中也有教導碰到困難可用「誦經」的方式解決,當我看完善書時,並沒有很熱衷誦經,是採用捐款和助印善書去做推廣,然而我在一次機緣下碰到一位通靈的老師,她教我如果碰到困難,就念一部經典叫《金剛經》。一開始對《金剛經》很陌生,只知道全文五千字,裡面的內容沒有全然了解,每天拿起手機念《金剛經》時就一句一句念,這部經典真的滿長,念完大約都要十五至二十分鐘左右,一開始念會比較慢,久而久之就慢慢地背起來,其實有時候我也會懶惰沒有念,但如果有時間一定每天念一遍。無形中我身上的情況發生比較明顯的改變,有時候我會有突如其來的負面及暴躁情緒,竟突然開始轉念,心情變得越來越穩定,而且凡事都一定用正面情緒來面對;還有讓我感受最神奇的地方,就是有時面臨的麻煩事情,竟常常和我直接擦身而過了,讓我覺得《金剛經》的力量真的很強。例如《金剛經》最有名的一句話叫「應無所住,而生其心」[81],意思就是說事情會來來去去,來的時候就要盡力做好,走的時候也不要再留戀,無盡的可能在未來為你所展開,結論就是不要太執著。所以靠念經也真的能化解我的麻煩,便開始對《金剛經》產生信心,甚至我還會去查《金剛經》的字面意思,當作勉勵我的人生依據,日本

81　參考引自維基百科,《金剛經》,https://zh.wikipedia.org/zh-tw/%E9%87%91%E5%89%9B%E7%B6%93

翻譯家池見酉次朗的「自己分析」一書中說：「如果大聲反覆朗誦正面的文句和佛經等，可以將長久積鬱於心，即將要爆發的怒火、怨氣以及其它激烈的情緒和感情，以平安的方式發散出去，達到淨化心靈的巨大作用。」[82] 當時我的生活寫照就如同日本池見酉次朗先生寫的一樣，我就將這個「誦經」這個項目當作我每天生活必做的執行事項，尤其是上班前一定念一遍《金剛經》，今天上班的日子就會感到平安順遂。

其實每個人都有信奉自己喜歡的宗教，它們所產生的經驗讓現在的人能脫去很多煩惱、得到人生的智慧，雖然我信奉佛教，但我對於其他宗教的經典是抱持尊重和欣賞，因為每個宗教都是由一位偉大的人物所建立的，簡單來說，佛教是由釋迦牟尼佛建立，基督教由耶穌建立，由於他們的堅持及高尚的美德，才可以將宗教一直推廣至今，讓我由衷的佩服。尤其我更佩服的是《金剛經》這部經典，它是由宗教的領袖跟弟子之間的對話，變作一部經典的誕生，才得以讓我們凡人可以從經典吸取更多智慧，才能應對更多社會的種種問題，所以我在讀《金剛經》這部經典的時候，一定會在早上要去上班前保持當下的平穩的心情，一字一句慢慢念，念到有時候會無形中提醒我今天該要完成的事，著實讓我感到神奇，進而延伸念《心經》[83] 中的「心無罣

82　池見酉次朗，《自己分析》，1968 年。
83　參考引自維基百科，《般若波羅蜜多心經》，https://zh.wikipedia.org/zh-tw/%E8%88%AC%E8%8B%A5%E6%B3%A2%E7%BE%85%E8%9C%9C%E5%A4%9A%E5%BF%83%E7

礙」也是如此。所以我建議你在人生過程中，如果常常碰到不如意的事情，也許有很多條路可以解決，其中「誦經」這件事不妨試看看，不只吸取經典產生很多智慧，而且可以對付更多困難，這樣也是人生中對自己最有價值的地方。

整理「統一發票」是訓練自己的思緒

平常我在買東西時,最常被店員問是否要用載具,是以 APP 載具取代紙本發票的方式,但有些店家還是會印統一發票,雖然這只是一張小紙,通常放在包包,不會去注意放在什麼位置,常常在整理包包看到的時候,都已經超過兌獎期限;或者放在自己衣服及褲子口袋,結果洗衣服的時候,拿去洗了導致發票已經碎了。所以現在我一定會主動跟店員說,發票可以存進載具裡面,這樣我可以省下紙本發票,因為存載具有個好處,就是由載具系統直接幫你做兌獎,又加上雲端發票對獎,等於一張發票可以對當期的中獎號碼及雲端系統,達到一石二鳥的效果,假設有中獎的情況,獎金直接存到你的帳戶,真的非常方便。不過有些店家還是印出來,但我認為印出來的發票一定要做到「集中管理」,簡單來說,每天出門到回家一定會買東西,就會有發票在身上,這時一定要集中放在家裡某個明顯的地方,這樣將來要兌獎、貨品要退貨、報帳以及可以捐贈發票的時候都很容易找到,這樣也可以訓練自己的思緒清晰,延伸將自己的生活規劃得井然有序。

為什麼這個微不足道的發票竟然可以發揮這麼大的作用?其實我常常看到新聞,統一發票到兌獎的時候拿出發票,號碼竟然都一樣,但時間卻是一年前了。這種事常層出不窮,我相信原因一定是沒有將發票當作一件事情來處理,更沒有心思去做整理,才會導致發票突然在自己的書桌或某個角落發現,真的要兌獎才發現日期過期。我的建議還有發票不要放褲子、外套以及上衣,應該要習慣出門帶個包包,而且要統一集中,然後回家的時候,再統一放在明顯處,原因是平常

我們去買東西，還在想著等等去哪裡辦事，就會不在意發票的放置，一定就往身上隨意塞進去，到時候洗澡脫下衣褲，自然而然就忘了它們，結果洗完衣褲才發現發票被洗碎，又要將衣褲重洗一遍。所以發票是訓練自己的思緒，這種力量真的不容小覷，而且發票中大獎真的可以改善家裡的環境，也可以拿去做善事，也可以達到自己想完成夢想。所以發票說重要也挺重要，說不重要也隨意亂丟，甚至走路走一走就自己掉了，我認為重點就是將發票當成一件訓練自己的思緒來處理，以發票的本身大小及日期做排列，這樣邏輯會變得清晰，延伸至自己的生活和工作會井然有序，像日本蜜雪兒作家曾說：「利用每天五分鐘為單位整理環境，一邊在做別的事情的時候順便打掃環境。」[84] 其實，要下定決心捲起袖子「現在開始好好打掃吧！」是很不容易的一件事，不過，如果只是用短短五分鐘的時間「順便」做點什麼的話，就容易做得到，也就是說如果回家準備要做其他的事情，例如要去煮菜或打掃前，就可以利用五分鐘的時間，把發票分門別類做一個簡單處理，而且抱持著愉快的心情來做，說不定哪一期碰到兌獎的時候，就特別容易中獎。所以不能小看發票的力量，這是考驗一個人的用心程度，也訓練自己的思緒，包含我也在學習中，現在每天不管多忙，一定會把發票做一個整理，延伸工作也是今日事今日畢，這樣人生才會得以進步。

---

[84] 蜜雪兒，《一日丟一物的簡單生活提案》，2019 年。

鍛鍊「習慣」可形成自律

「習慣」是鍛鍊一個人的心志,因為從中可以發現一個人的生活習慣一旦建立了,無形中會產生一種自律,這種自律一旦日復一日及年復一年的進行,很多事就會完成階段性的目標,最後形成大目標的完美結束。說得很容易,但做起來確實真的不容易,因為半途中想放棄的念頭一定會有,還會因為突如其來的情況被迫做改變,例如我父親長年有吐痰的習慣,只要在外面走路的時候,吐痰就直接吐到路上,我就跟他說隨身帶衛生紙,如果想吐痰的時候就直接吐在衛生紙,不要吐到地面,這樣有可能把財運給吐掉了,而且不尊重土地,後來就因為我不斷叮嚀他的作為,讓他慢慢習慣隨身就帶衛生紙,長期下來我也看見他的進步,也完成一種「習慣」,所以鍛鍊「習慣」是真的可形成自律。

我也是有犯過錯誤,一直以來「生活習慣」很差,母親都會說我之前休假回到家,假設拿了礦泉水在一樓喝,但在沒喝完的情況下就放在桌上去做別的事,結果做完事忘了原本沒有喝完的礦泉水,又拿新的礦泉水帶到二樓,看完電視後沒有喝完就放在二樓,結果到了三樓我的房間發現沒有礦泉水,卻又忘了二樓還有我沒喝完的礦泉水,又到一樓去拿,這樣就會每個樓層都有我的東西,所以長期下來習慣就不好。而且有一次到我弟弟家去玩,連我的弟妹都會虧我說,哥哥等等又要放一堆瓶瓶罐罐在桌上,被他們倆夫妻念完,頓時對他們感到抱歉外,我下定決心一定要把這壞習慣改掉。只要回到家,先想到我的房間有無礦泉水,如果沒有,就會從冰箱先拿出礦泉水,到二樓

跟父母聊天，邊聊邊喝，等我們準備去睡覺了，再把這礦泉水再帶到三樓我的房間，直到整瓶礦泉水喝完，隔天拿下樓丟掉，形成一種好的「習慣」循環。所以我認為鍛鍊「習慣」就是要形成一種自律，《美國心理學期刊》（1903 年）用以下的文字來定義習慣：「以心理學的觀點來看，習慣是某種程度上固定的思考方式、意志或者感覺方式，是由以往重複的心智體驗而獲得的。」[85] 所以我用最簡單的例子建議，如果想要培養一個好的習慣，一定要思考這個習慣要怎麼做才會產生一種不會忘記的重複循環，而且每天都在腦海中不斷產生記憶，這是一個很重要的關鍵。例如後來我鍛鍊一個習慣，就是每天拿礦泉水很麻煩，可以用保溫瓶裝水取代，寫在我的手機備忘錄，記得要帶到公司去，然後再帶回來，再裝水後去二樓看電視，最後再帶到房間，然後隔天要去公司前再裝水出發，可以形成一種「習慣」循環。還有突如其來的情況造就習慣被迫做改變，例如發生天災的時候、常常家裡被斷水的時候，也要有一個習慣，就是平常先預置一些水在家，把可以喝的、洗澡用及清潔用的分出來，這樣一來到時候就不容易急急忙忙的去搶水，無論在什麼情況下都可以快速應變。我們都會有懶惰的時候，但切記要下定決心改變習慣，鍛鍊「習慣」的過程確實很枯燥乏味，但在關鍵時候就會覺得很安心，一定要思考如何鍛鍊習慣，這是一件很重要的事。

85　參考引自維基百科，〈習慣〉，https://zh.wikipedia.org/zh-tw/%E4%B9%A0%E6%83%AF

吾「時」三省吾身，可以精進自己的品格

孔子的學生曾參曾說過：「吾日三省吾身。」[86]意思就是替別人做事有沒有竭盡所能？和朋友相處有沒有言而無信？師長所傳授的知識有沒有好好複習？看了這三省的意思，我覺得有些羞愧，因為從小到大沒有將這三省放在心中，直到我工作擔任長官的侍從才改變較多。安排長官的所有事情就像面對每天事後三省一樣：長官交代的事有沒有竭盡所能？長官給你的承諾有沒有食言？另外長官就像師長一樣，傳授一些我不知道的知識，使我獲益良多。我回想起來，現代可以「時」來做三省，不用到「日」才做，這樣隨時隨地檢討自己的行為模式，等一天過去就可以綜整自己的行為，好的部分繼續維持，不好的部分精進自己，下次絕對不許再犯，我認為改用「時」的目的，就是讓自己的品格提升，如同偉大思想家蘇格拉底也視「反省」是人生哲學，他提倡人們要時刻省察自己，其實自我反省不侷限遇到問題及錯誤才做改正，而是在日常生活中，對於自己的行為、選擇、不足等進行反思[87]。所以我用「時」的目的，就是隨時隨地去改變，成就一個更好的自己。

---

86 參考引自百度百科，〈吾日三省吾身（出自《論語·學而》的句子）〉，https://baike.baidu.hk/item/%E5%90%BE%E6%97%A5%E4%B8%89%E7%9C%81%E5%90%BE%E8%BA%AB/9928689
87 林火旺，《為生命找道理：一個沒有經過反省的生命是不值得活的～蘇格拉底（增訂版）》，https://www.books.com.tw/products/0010784413?srsltid=AfmBOor6C3pXJdFNUQfpx5rnELQlzOv0mABAongeR6H69juPtWQm7VRX

我擔任長官的侍從前前後後有十年之久，真的感觸良深，假如今天有答應長官的事，或者有長官與你之間的承諾，又或者長官傳授你的知識需要驗收，這些事裡面有做好的部分可以繼續維持下去，沒有做好的部分要立即檢討。我想可以用「時」做檢討，就是分別為早上和下午四小時的時段來做三省，例如長官早上交代的事情沒有做好，中午吃飯可以問問辦公室同仁，立即針對早上錯誤改進；對待朋友亦是如此，甚至早上答應及承諾的事，下午就給答案；另外師長傳授的知識，早上傳授給我們，下午就跟老師驗收，又或者隔天早上跟老師做驗收；可以隨時隨地的反省，這樣吸收知識速度較快。如今我也退伍了，回到家裡陪伴父母，還是會維持每天三省的其中一省，省察我幫父母做事、承諾及態度等，有沒有不合宜的地方，我會主動問他們的意見，有的話立即改進。前述我無論跟長官、父母、師長及朋友都時常做自我反省的主要原因，是因為以前我也是很敷衍對方的人，要是承認承諾的事無法做到，覺得會很對不起對方，所以我才痛定思痛一定要改變自己，想承諾或者答應一件事時一定要謹慎，一旦答應試看看，一定要找時間做謹慎的回覆。另外我也會陷入反芻思考的陷阱，「反芻思維」是指人們在反覆並過度思考某事件的經歷與感受時，會陷入無止境的猜測和煩惱中[88]，尤其當我擔任長官的侍從時，就很容易

---

[88] 考引自 MBA 智庫百科，〈反芻思維〉，https://wiki.mbalib.com/zh-tw/%E6%80%9D%E7%BB%B4%E5%8F%8D%E5%88%8D

陷入反芻思考,因為一件事沒有做好,可能會陷入不斷的愧疚,以及長官對你不信任的情況發生等等,就會加深自我懷疑和否定。因此,我就好好運用吾「時」自省改變自己,就算真的沒有做好長官交代的事,也不要否定自己,須對自己曾經付出的努力作出肯定,以積極正面的態度做自我反省,讓長官更相信我做事情的態度,使我更有信心迎接往後的挑戰。所以這篇綜合我的經驗可以寫成吾「時」三省吾身,這樣也培養正向的積極心態,而且得到長輩、朋友或者晚輩信任,才會提升且精進自己的品格越來越高。

「穿著方式」可以形成自律

在我讀國中之前，因為家人沒有錢給我買衣服，有時候就穿國中的運動服，在家裡或者出外都是穿著它，讓別人以為我很喜歡上學，久而久之，穿著學校的運動服就習慣成自然，後來國中畢業進入軍校之後，每個月學校有給我零用錢，看著同學放假穿什麼，就去服飾店買適合自己的衣服來穿，那時候我才真正體會到在不同場合是需要穿不同服飾的。例如在家裡是比較放鬆的地方，可以著舒適的居家服；在軍中的工作場所是穿著軍便服；去運動的時候，是著運動服裝；去騎腳踏車的時候，是著有關騎車服裝等等。以前的我一定是穿著同一件服裝去所有場合，後來在軍中學到所有穿搭的時候，才慢慢形成我的自律方式。

我相信穿著方式也是代表一個人的風格，其重要性不言而喻，尤其我找尋適合自己的服裝時，一定請母親來給我建議，她本身也是做修改衣服工作，所以會建議我哪一個配色適合，這樣整體看起來氣色比較好；相反，如果穿錯配色，氣色看起來會相對疲累，而且整個人顯得比較老氣。有一次我看到一篇專欄，是陳麗卿形象管理學院介紹衣服的色彩心理，如果是穿著藍色的衣服，代表知性與智慧；黑色代表謙遜與自信集於一身；紅色代表熱情、高昂及挑戰的力量[89]，所以上

---

[89] 參考引自陳麗卿「形象管理學院」，〈選對讓人忘不了的代表色〉，https://www.perfectimage.com.tw/%E9%81%B8%E5%B0%8D%E8%AE%93%E4%BA%BA%E5%BF%98%E4%B8%8D%E4%BA%86%E7%9A%84%E4%BB%A3%E8%A1%A8%E8%89%B2/

述的三個配色是我目前最喜歡的穿搭顏色，母親也是很認同我的這三個配色。尤其我身為空軍，代表天空的藍色，所有服裝都跟藍色脫不了關係，就是因為剛好在空軍，每天長官訓練我們穿著軍便服一定要保持衣服、褲子、帽子及鞋子整潔外，還要在衣褲燙出線條，以示軍服的威儀。讓我在軍中從整理自己的軍便服開始，延伸學會自己的穿著方式，保持一種自律。

我在軍旅生涯中，身材有時候會走樣，有時胖或有時瘦，讓我常常為了穿搭的衣服要 L 號或者 XL 號產生困擾，所以為了不要讓別人注意到我的身材走樣，除了穿搭方式會形成自律，每天保持運動的習慣也跟穿搭做結合，不然有時候身材走樣，穿搭一下就被別人看穿，說你最近是不是發福了？因此我會常注意自己的身材跟所穿搭的衣服有沒有搭配適宜，這也是穿著方式延伸的力量。有時候連衣服的材質我也會注重，因為畢竟我長期住在屏東，一年中熱天大概長達九個月之久，所以我買衣服的時候會買棉質及排汗的衣服和褲子，然後同樣的服飾店在北部及南部擺一樣的服裝材質時，我會跟服飾店的店員做建議，南北服飾店擺的服裝材質要隨地方氣候去做改變，這樣來買衣服的客人較為願意去買。另外還有配件也是讓穿著方式加分，如果是穿著西裝時，皮帶、鈕扣及領帶是不可忽視的一環，因為配件是有畫龍點睛的效果，但也不能搶了個人風采，所以穿著時可以照照鏡子，不用一下就看到配件，而是看到整體的穿著、氣色、服裝的顏色，這

是需要搭配適宜的。所以我建議你穿著方式可以這樣做看看，會有驚人的效果發生。

合作篇

用自身良好的經驗
協助對方完成使命

創立豪運

「成功」來自「做有感覺的事情」

　　最常聽到很多長輩及老師說的一句話,「要不斷努力才會成功」,我常在想成功到底是要如何達成的?這真的很難定義,我花了很多時間去研究各類書寫如何成功書籍,每本書都有一個共通點:成功來自思想的改變,並且在這件事要保持高度熱情,每天不斷累積一點一滴去做自己喜歡做的事,這樣較容易達到成功。在我看來,其實我認為對於想達成的目標自己要先設定去做有感覺的事,只有這樣才能產生高度的熱情,而且能專注一致的執行,去達成人生目標。

　　我常看到一種現象就是多數人有一個好想法或一種技能,以及本身具有先天性的好條件,可在任何軟體上傳達他們的想法給更多人,例如在youtube製作一部小短片傳達更多人正確的想法,或者製作搞笑的影片,而讓我驚訝的是竟然有百萬點擊率;又或者將一個好的想法寫成一篇專欄,專欄內容影響甚大,被轉貼在媒體給更多人知道,這都是做有感覺的事。另外,我偶然參加一個出書研討會,發現跌破我的眼鏡,竟然有一本書想出版,但被多間出版社退稿,「寫的太一般了」、「沒有什麼亮點」、「這種勵志的書籍到處都有」,但作者執意自己出經費來出書,結果現在世界上有八個國家代理他的書,心理勵志暢銷排行榜第一名,這使得我信心增加,更有動力想出書,也讓大家知道。我曾害怕已有名人寫過這種想法,我再做已經沒有意義了,但我心中始終保持有股「勵志的理念」一定要弘法利生,要寫成一本書當成「善知識」來推廣,不管有沒有人會買我的書,但若有一個人會拿起我的書閱讀,能因為我的勵志想法能改變他的人生,這樣我就

心滿意足了。所以不管有無達成目標，就是傳遞我的想法讓很多人知道，別人因我的想法進而改變，這跟美國心理學家卡蘿・杜維克博士說的「成長型心態」的人一樣：「樂觀看待自己的所有特質，將個人的基本素質視為起點，可以藉由努力、累積經驗和他人的幫助而改變、成長，也能協助更多人。」[90] 所以，我認為自己身上有一股想發揮的特質，而且沒有任何生活干擾因素的情況下，可以專注目標，這就是做有感覺的事物。

最後，我認為每個人身上都有潛在的能力，不要害怕說這個好像有人做過了、那個也有人發明出來了，例如，最近電視報導有關科技大廠輝達執行長黃仁勳先生成功的新聞，以前輝達剛進入市場時，雖然美國的科技大廠已經做的比他更好，他依然持續不斷精進，沒有退出市場，努力發展電腦相關軟硬體，並跟其他公司成為供應鏈的夥伴。我相信在這世界上很多角落，會有許多人想知道你的想法。我建議一定要「做有感覺的事」，對自己有自信的產品，可用影片、出書及演講，讓更多人知道。單純分享你覺得有感覺的事情，不見得要有多厲害才能跟大家講，把你最美好的那個經驗跟大家分享，我認為「做有感覺的事」就是傳達成功的定義。

90　卡蘿・杜維克，《心態致勝：全新成功心理學》，2019 年。

「共情能力」提升有助人生

「共情」指的是設身處地的體驗他人處境，就是所謂常說的「同理心」。每個人身上常常有本難念的經，真的沒辦法全都能有「共情能力」去影響對方，而有些人也不見得被共情完就能體會，這表示有可能他跟你這輩子無緣。所以當遇到需要你「共情能力」發揮時，一定要站在對方的角度給予鼓勵、支持及回饋，因為對方發生的問題將來你可能也會遇到，所以先學習如何用「共情能力」去影響對方。退伍後，回想當初進軍校時，團體生活是枯燥乏味的，很多同學不想繼續待，認為毫無意義，有些同學被我「共情」過，繼續走下去的比例也不少，這令我欣慰，也是造就他們不同的人生。

讀軍校的時候，一開始我也不習慣團體生活，但為了家計一定要撐下去，我也知道有些同學根本不是吃這行飯的料，因為心性未定，做事浮浮躁躁，做任何事都只有三分鐘的熱度，我了解他們的情況，多數是被父母逼進來的，一致想法都認為軍中太辛苦了，不太想待。然而，看到他們這樣撐下去也不是辦法，我就主動過去與他們交談，自然而然將「共情能力」發揮出來，把自己為了家計的想法傳達給他們知道，並做良心的建議，有大部分的同學聽了我的建議後繼續待在軍校，但還是有少部分的同學聽我的建議選擇離開，我就建議他們開始規劃外面的生活。我不會因為對方待不下去，就苦勸他們要留下來，而是站在他們的角度看待這件事要如何因應，給予他們良好的建議、假設苦勸留下來，導致他們身心靈受傷，結果我變罪人，就不是同理對方了，這樣反而是害對方。所以我認為一定要先傾聽對方的情況，

而在對方想表達的情況中做良心的建議,既不會傷害對方,也能保護自己。另外還有一種狀況,絕對不要一開始做同理心的建議,後面變成開始數落,例如鼓勵同學一起撐到畢業到部隊工作,但又因為同學平時生活表現很差,開始數落,這根本不是同理,而是消遣,沒有做出實質的同理心表現,所以這樣也是沒有辦法真正了解對方的需求。

　　英國的生活觀察家羅曼・柯茲納里奇曾說:「同理心,唯有看穿問題的表面,才能真正探觸對方內心深處的痛苦和需求。」[91] 所以我認為要在事件中展現同理心,首先,一定要先傾聽與觀察,等對方全部說完時,針對問題逐一做出良好的建議,假設對方針對你的建議展現反駁情緒時,絕對不能隨著對方的情緒走,而是當下跟對方說出其他可取代的方式,讓對方心理較為平衡。當然,很多事不可能做到百分百都同理,但可以做到「折衷」的方式,讓對方感受平衡。唯有一次次不斷的精進自己的共情能力,才能做出更多更好的建議,這樣你才是做到共情能力的主導者。

91　參考引自經理人,〈職場最重要的一堂課:「換位思考,用別人的眼睛看世界」〉,https://www.managertoday.com.tw/articles/view/51658

做到「家裡的父母生意」，人生大運將至

在眾多生意中，最好做的生意就是「做父母」這筆生意，但這筆生意有時候也不好做，但做完後我相信能做到的通常福報較多。因為年輕在外打拼，很難兼顧家庭，我最常聽到很多人賺了錢，結果父母親身體不好要長期照顧，賺的錢都拿去看病。所以我覺得平時有機會利用工作之餘，有空常回家看父母，陪他們聊天，因為父母親代表你的事業及財富運，如果把他們顧好，這樣你在外面的工作才會順風順水，而且「照顧父母」這筆生意，比你在外面工作賺的錢及福報還多。有些人為了要讓自己的財運、事業運、婚姻運要更好，都會去算命，算出來的情況有些準，有些不準。其實算命只是當做參考，最重要的就是多陪父母，甚至「照顧父母」，這個工作就是一份錢財來源的生意，這個會比算命更實在，照顧父母會讓自己的「運氣」瞬間改變很多，而且連我自己都覺得不可思議。

所謂做到「家裡的父母生意」是指家裡大大小小的事，舉凡平時家中的房貸要付，家電用品壞了要買，哪邊牆壁的漆需要重補，哪邊的裝潢要更新，更重要的是父母的身體常要關心，這些看似都是家中大小事，也是一筆生意。我看到有些家庭做的不錯，有些家庭就做的不是很好，而做不好的原因有三個：其一，我看過很多家庭，自己成家立業需要用很多錢，但回老家要支付額外的經費，說真的，都自顧不暇，哪還能再顧及家庭？其二，有兄弟姊妹在的時候，常為誰要跳出來擔負這筆錢吵架，常推三阻四的說沒錢；其三，家裡的生意最難做的，就是父母親生病無法自理要跟誰住的問題，這也是容易造成兄

弟姊妹不合的課題。我認為第三個原因能做到及格的話，其他二個原因也能解決，這輩子其實都不用去算命，運氣基本上都不錯，很容易大事化小，小事化無。就以我的經驗分享，我們家中的小孩只有我和弟弟二人而已，我目前單身，弟弟已成家立業，但是原本的家裡還需付房貸，還有支付額外整理家裡的費用，我就跟弟弟說：「你已成家立業，有那麼多挑戰，家裡的事就由我全包了。」為了不讓弟弟擔心，也不讓父母操心，就默默地直接把家裡的電器用品該換的全換，該裝潢的裝潢，該付房貸的就付，無形中我的運氣就越來越好。假設我當時跟弟弟都結婚了，我是長子，我想我也會義不容辭將這辛苦生意接下來，因為我相信這筆生意做下去，對自己未來的人生一定會很好，我願意承擔這個生意，更相信「父母」其實就是家裡的財庫，這樣子將來我走大運的機會真的很高，就像美國正向心理學家塞佩萊教授所說：「善良、相互支持及理解會給每個人帶來好的結果。」[92] 就因為我理解這個家中的生意很難做，但我必須一定要去做，能理解家庭成員的情況，自己跳出來做，讓我相信真的會替自己的工作運、婚姻運及財運帶來提升，所以建議你可以有機會且有空多接家中的父母生意，做下去之後人生的大運會降臨你的身上。

92　參考自大紀元台灣，〈史丹作科學家證明：慈悲善良帶人走向成功〉，https://www.epochtimes.com.tw/n229444/%E5%8F%B2%E4%B8%B9%E4%BD%9C%E7%A7%91%E5%AD%B8%E5%AE%B6%E8%AD%89%E6%98%8E-%E6%85%88%E6%82%B2%E5%96%84%E8%89%AF%E5%B8%B6%E4%BA%BA%E8%B5%B0%E5%90%91%E6%88%90%E5%8A%9F.html

創立豪運

定期多去看「祖先」住的地方，家運會越來越好

　　在讀研究所的時候，無意間我翻了一本《商業周刊》，裡面寫到一篇我很感興趣的事，有關清末紅頂商人胡雪巖的故事[93]，他在杭州開設胡慶餘堂中藥店，並經營出口絲業，在光緒十年，出口的絲業後來因受到外商排擠而破產，原因有二：第一他跟錯主子，他的主子叫左宗棠，胡因籌辦糧餉軍火得到左宗棠的賞識，但左在官場上太恃才傲物了，所以樹立很多政敵，尤其得罪一名大臣叫李鴻章，李說過如果要除掉左宗棠必先除掉胡雪巖；第二是胡被李在經濟上制裁，最重要的是胡向英國人貸款時，在利息上灌水，然後用政府的錢來做償還，胡認為幫忙國家跟英國交易時，利息也是要賺的，殊不知自己和政府的錢不能混為一談，這件事被慈禧太后知道了，非常震怒，最後讓胡破產而流落他鄉病逝，胡在離開人世的時候，跟其他一起奮鬥過的同仁說不能跟任何人說他葬在哪裡，否則有人會來盜墓，讓他死不安寧，所以他們一致口徑都不敢提起此事，而胡慶餘堂中藥店的生意也因此一蹶不振，因為胡慶餘堂收弟子的規定很嚴格，要進去工作的人都要經過考試，胡慶餘堂的最後入門弟子叫馮根生，他就想起胡的墓還流落他鄉，總有一天還是得遷回自己家鄉安葬，所以費盡苦心才找胡的墓，然後重新做一個墓，並挑良辰吉日將胡重新下葬，奇怪的事情就發生了，胡慶餘堂中藥店原本生意不好，結果因為胡的墓重新整理好

---

[93] 參考商業周刊 1044 期，〈胡雪巖〉，https://www.businessweekly.com.tw/Archive/Article?StrId=28839&rf=google

了，帶動中藥店的生意也變好。從這篇文章，我的心得是「祖先」的命脈與我們發展的事業是息息相關的。

其實《商業周刊》中這篇文章也觸動到我的心，因為我回想我們家祖先的墳墓很久都沒有整理過，除了每年的清明掃墓例行祭祖外，其他日子就不會再回去，其實我發現祖墳上面的水泥都已經裂開且都掉出來了，很想整理一番。所以從文章的內容決定要執行此事，我先跟父母溝通，才得知母親以前就跟阿公阿媽討論整修的事，但此事遭到他們反彈，所以父母每年要掃墓前就將墓碑洗乾淨及周邊打掃，好讓大家去掃墓。但這一次由我來做主導，為了讓家運能更好，就沒有跟阿公阿媽討論此事，直接挑個良辰吉日回家鄉修墳，同時我也借用母親以前做過水泥工的工作以及父親和弟弟修護水電的經驗，買一些水泥將有破裂的地方全部補起來。補完後沒有多久，我們家的運氣開始慢慢好起來，父親的身體逐漸健康，母親的生意開始好轉，我和弟弟的職務都有高升。所以經過此事，我的心得就是不一定要等祭祖才回去掃墓，而是常常有時間就回去看看，就好比家裡的水管破掉，一定會找材料去修復，修復完了，也要常常去巡檢看哪裡還有再漏水的情況，所以修墳也是一樣，地震、颱風及下雨等等都會影響祖墳的完整性，所以除了祭祖看看之外，每月定期巡檢整個祖墳有沒有破裂情況發生，這樣讓祖先會覺得你有關心及處理祂們住的地方。所以建議你想要轉運的時候，這件事也是值得你去做看看，除了本身需努力外，祖先的力量也是不可忽略。

人生有機會一定要擔任一次「義工」

我在部隊的時候，聽聞很多同仁會利用假日去做義工，但我的單位在台東，是做飛機修護，這工作的確滿辛苦，有時候還要留守，當時耳聞同仁做義工，但我是有心而力不足，休假就想好好放鬆一下，放假回家上網、睡覺、出去玩，就耗掉很多時間。有一年，剛好我念完軍校正規班，同時軍校有空缺甄選，我參加甄試幸運的被選上，從台東調回岡山。在軍校的工作環境作息相對單純且規律，我也住屏東家裡，燃起當初在台東想擔任義工的心思，想在屏東擔任義工回饋社會，因此開始上網找尋哪裡有招募義工。義工工作細分滿多種類的，後來我就選擇家扶中心服務寄養家庭的小朋友義工工作，主要服務內容是將這些在原生家庭沒有辦法得到照顧寄養小孩，透過家扶中心的工作人員協助，將這些小朋友引介至寄養家庭，我們義工主要的服務內容就是辦一些團康活動，讓寄養的小朋友可以跟原生家庭的父母一起出遊，我們從旁協助。所以在每次團康活動開始前，我們義工要比他們早到，要引導小朋友跟原生的父母見面，當我每次看到小朋友只要跟原生的父母見面後，小朋友都會迫不及待黏在他們身上，看到這幕我真的很感動且熱淚盈眶，當下我覺得自己是在幸福的家庭出生，有父母陪我成長。所以我從擔任義工的工作中，珍惜當下擁有這一切。

我擔任義工最大的收穫就是從活動的前置規劃、開會討論活動細節、執行活動的過程及活動後檢討細節獲得許多學習與訓練，因為我在軍中是擔任士官長，都是服從上級，長官叫你做什麼才去做，而義工的訓練讓我瞬間發現從活動規劃、執行到檢討中，是可以訓練自己

具備跟軍官一樣的工作能力。義工工作收獲最多的也是學習到怎麼跟其他義工夥伴互動。義工夥伴來自各行各業，也是忙中之餘來擔任義工，我跟著義工前輩們學習舉辦每一場活動，之後檢討哪些地方需要改進，讓下次活動可以更完善。我在擔任義工的那幾年所付出的心力無形中也多了一個福報，例如假日做完義工工作，禮拜一上班後，在工作上有需要協助之處，無形中同仁會主動問你是否需要幫忙，減輕了我的工作負荷，所以我更相信擔任「義工」的福報力量是真的會回到你身上。另外，因為義工夥伴來自各行各業，其中有位是中華電信的員工，一次活動休息時，跟他提及我家的網路訊號常常怪怪的，他就真的找時間來我家重新拉網路線，還不跟我收錢，我就請這義工夥伴吃飯當做回饋，讓我頓時發現義工真的處處有溫情。從義工的服務工作中，讓我學習只要心中有「愛」，到哪裡都是陽光。雖然我因工作調動到台北之後就沒有機會回去參加，但在 FB 上仍持續關注他們，支持他們，依然秉持義工的精神在我的軍中工作發光發熱。美國克里斯汀‧倫威克‧門羅心理學家曾定義「利他主義」即是施予恩惠不期望回報的作為，就是與人分享、付出、幫助及安慰[94]。所以我建議在你的人生旅途中有機會一定要擔任一次「義工」，可以在其中收穫到很多意想不到的驚喜。

---

94 參考自維基百科，〈利他主義〉，https://zh.wikipedia.org/zh-tw/%E5%88%A9%E4%BB%96%E4%B8%BB%E4%B9%89

創立豪運

在家有機會跟家人用「母語對話」，有助於親子關係

　　自我有記憶以來，我的父母都是用「客家話」問候彼此，我從小就不會講客家話，都只能用國語跟他們對話。其實我剛開始聽不懂客家語的意思時，我就問父母：「你們剛剛說什麼？」然後父母親會跟我解釋，重點是他們的發音及內容會記在我心中，讓我想要發揮勇氣跟他們對話，但我很害怕說的不正確被他們糾正，所以想到這我就退縮了。我曾經問母親為什麼沒有教我們客家話，母親就跟我解釋因為家裡需要賺錢，而且工作很忙，根本無心教我們，再加上當時我讀的國小在推國語新生活運動[95]，就自然而然沒有跟父母學習到母語。進了軍中後我也是用國語對話，同學們很多都會說閩南語，受到他們的影響，我也會說一些閩南語，但口條不是很順，就不常說，還是以國語跟同學對談。但客家話畢竟是我的母語，心中就想著有一天我一定要用客家話跟父母對談。因為進了軍中，陪父母的時間變少，在家裡要聽到他們說客家話的機會渺茫，所以每次休假回家，雖然還是用國語對談，但心裡面會一直記著他們客語發音。有一天，我覺得時機成熟應該可以說了，就提出勇氣跟他們以客家話對談，雖然過程中我有很多爆笑的發音被他們糾正，但真的很好玩，無形中也提升我們的親子關係，現在回想起來，就是敢說自己的母語產生的影響。我相信現在無論是說「閩南語、客家話、原住民語」，一定還有人跟我相同，因

95　參考維基百科 < 新生活運動 >，https://zh.wikipedia.org/zh-tw/%E6%96%B0%E7%94%9F%E6%B4%BB%E9%81%8B%E5%8B%95

為一些原因沒有機會跟父母親學到母語，但依然很努力用發音不標準的母語跟父母親對話。雖然我現在跟父母說客家話的發音標準率只有50%，但我相信總有一天可以100%都用客家話對話。我的建議是現在APP教學平台很方便，可以靠教學平台練習正確的發音，且平時試著跟父母對話，讓他們對你的進步眼神為之一亮，刮目相看，而這也可以提升彼此之間的親子關係。

之前上過中央大學榮譽教授洪蘭老師的講座，她說他父親書桌的抽屜裡有一包家鄉泥土，在她出國時，父親有囑咐一定要她帶一點，他說：「親不親故鄉人，美不美故鄉水，生病時，聽到鄉音、看到鄉土，病會好一半。」[96] 這段話我也深有同感。我陪長官去新加坡出差的時候，在路上我還真的聽到兩個客家人在對談，心中瞬間產生激情，甚至還會想過去跟他們對談，看是不是同鄉人，母語力量真的很強。母語還有另一種強大的效應如已故南非總統曼德拉所言：「你用別人理解的語言跟他談話，會直達他的腦袋。你用他的母語跟他對談，會直達他的內心。」[97] 因為南非白人歧視黑人非常嚴重，當時曼德拉總統還在議會當議長時想了一個對策，想要結束長期以來的種族隔離制度，曼德拉跟當時的白人總統克拉克持續不斷談判。後來這場談判勝利的最主要原因是因為克拉克總統會說南非語，所以曼德拉從頭到尾用南

96　參考天下雜誌，〈說外語，讓人更理性？〉，https://www.cw.com.tw/article/5062423
97　參考青少年人權協會，〈人權鬥士〉，https://www.youthforhumanrights.tw/voices-for-human-rights/champions/nelson-mandela.html

創立豪運

非語跟克拉克總統對談,才結束長期的種族隔離制度。可見說母語的力量真的很強,小至跟家人關係融洽,大至可以改變國家的命運,都可見說母語的影響。建議你回家有空可以用母語跟家人對談,這可以融入對方的內心,有助於情感的投入。

「知易行難」可以影響他人的微動力

我常看到一些有趣的現象，我周遭的朋友或同學在聊天時，很喜歡將自己做不到的事吹噓的天花亂墜，令人感覺似乎都已做到了，然後聽者也相信並很渴望，結果吹噓的人自己做不到，但聽者竟然卻產生內心的渴望，甚至去完成了。知道事情過程很容易，但做起來卻很困難，很多人也就在無意識地朝自己喜歡的事物認真學習，然後去完成了別人做不到的事，這就是《黑馬思維》作者陶德‧羅斯與奧吉‧歐格斯所說的「微動力」，微動力是高度個人化，有時很細微的感受或動作，它可能以各種形式隱藏在你不自覺被吸引的事物或活動之內，譬如有人喜歡當廚師，其實是喜歡看人們大快朵頤的滿足神情；有人喜歡當講師，其實是享受「改變他人認知」的成就感。[98]「微動力」可能以各種形式顯現，例如說的人做不到就算了，聽的人竟然做成了。這時說者還是有功勞的，因為他無心的一句話影響了一個人產生微動力。

我在軍校單位服務跟一群學長聊天時，談論到學歷一事。因為我的軍階是士官長，軍中晉任規定專科以上即可，主要是以技術為主，學歷為輔，為了就是在部隊長留久用，他們一致認為基本學歷有專科即可，不用讀到碩士，拿一些證照比較有用。其實他們說的也很有道理，因為基本退伍後利用證照去求職多半是很有用，我也是認真去考

---

[98] 參考陶德‧羅斯，奧吉‧歐格斯，《黑馬思維：哈佛最推崇的人生計畫，教你成就更好的自己》，2018 年。

證照,雖不知道未來是否用得上,但我仍相信退伍後一定會用得到;同時,在學歷部分我內心還是渴望能讀到「碩士」,當時軍校有些學長姊都在念碩士,受他們影響我開始產生「微動力」,開始從網路上尋找學校及想讀的科系,準備書審資料,然後研究可以先修的科目,有了頭緒之後,我就先到學校修讀碩士學分班,將來考進去可以折抵學分,在修讀學分的過程中請教前輩怎麼準備書審資料、面試時教授詢問的問題內容。由於我的微動力越來越強,不覺得累,反而精神百倍,也因此如願以償的進去碩士班就讀,並配合教授的進度以兩年的時間準時拿到學位。現在回想起來,當學長說學歷不用那麼高之後,我的內心是產生極大的渴望,並且把渴望的事化為一個小片段來處理,當這些小片段集結而成,就是你的微動力真的實現了,而且游刃有餘,如同美國心理學教授佛洛依德提出的心理動力學,就是「想法、感覺、記憶、情緒及信念等等,意思就是潛意識去影響行為」。[99] 我就是在與對方聊天內容中,發現到有自己渴望的事情,雖然了解事物的道理容易,做起來卻很困難,但當時不會去影響我要完成這件事,反而是被這種潛意識影響自己的行為,循序漸進的去執行這件事,而且這種力量不容小覷。尤其找出微動力後,未來的職業不再是單一的,而是有很多種可能性,例如如果喜歡上台說話,當老師只是其中的一項,也

---

99 參考維基百科,〈心理動力學〉,https://zh.wikipedia.org/zh-tw/%E5%BF%83%E7%90%86%E5%8A%A8%E5%8A%9B%E5%AD%A6

可以嘗試擔任演講人、主持人等等。建議你哪天聽到別人說到你內心中的渴望,一定要去默默嘗試看看,說不定可以發揮你的微動力。

我的人生要用「改命」取代「認命」

自從母親介紹我看了善書《了凡四訓》後,覺得這本書太神奇了,竟然可以利用書中的善知識在現實世界做應用,進而達到「改命」的作用,裡面敘述袁了凡先生在少年時,遇到一位孔先生替他算命,算他一生的壽命到五十三歲而已、命中無子、當官的話可以做到縣長,他對照孔先生所說的話全部都驗證,認為這一生的命就這樣定了,沒有再去多想,直到有一天遇到雲谷禪師教導他四個最有名的領悟,第一為「立命之學」—說明人的命運可以靠自己創造,而不是被命運所羈絆,尤其袁了凡先生告誡兒子不要被這個「命」字束縛住,要盡力去做各種善事,不可以做壞事;第二為「改過之法」—從微小的過失開始改過,自然不會犯大的錯誤,尤其要言善、行善及穩重厚道,自然會有福氣;第三為「積善之方」—喜歡多做善事幫助別人,善事變多了,命運自然也有所改變,尤其積善的人家一定會有餘慶;第四為「謙德之效」—與任何人相處,首先要謙虛,從中學習對方的優點,自然而然就會進步,而且還會感動天地[100]。袁了凡先生就從四個領悟開始改善自己,竟然突破「認命」這件事,從此「命運」開始不一樣了,不僅沒有在五十三歲壽終正寢,延長壽命至七十四歲,還生下二個兒子,官位做到中央機關的主事,所以我讀完袁了凡的故事後,也下定決心以這四個領悟開始改善自己。

---

100 參考引自《了凡四訓・白話篇》,https://www.6laws.net/99life/lawbook/%E4%BA%86%E5%87%A1%E5%9B%9B%E8%A8%93%E7%99%BD%E8%A9%B1%E7%AF%87.htm

合作篇：用自身良好的經驗協助對方完成使命

其實在《了凡四訓》這四個領悟中，我認為最重要的是「改過之法」，它會牽動其它三個領悟的關鍵。我滿重視「改過」這件事，尤其在軍中工作的時候，有一陣子情緒較不穩定，檢討原因主要是受到工作的關係，想趕快完成它，所以對於別人說的話較不耐煩，沒辦法耐心聽完，就直接打斷別人說話，尤其是對於自己有利的論點，這樣的工作態度使我得罪很多協助我的同仁，我痛定思痛，一定要改善情緒不穩定的習慣，就拿來《了凡四訓》這本書應用在軍中的日子上，並去家扶中心做義工付出勞力、助印善書去寺廟推廣，我的心情就變得越來越快樂，無形中對家人說話的態度改變，以及對朋友及辦公室同仁說話也變得謙虛，如此一直保持謙沖自牧及穩重厚道的態度，進而帶動立命之學、積善之方及謙德之效的極大效果。一旦找出問題一定立即「改命」，將自己不好的壞習慣一點一滴做改變，運氣也會隨之變好，我相信「認命」是還沒有找出自己的問題，而且隨之「運」被「命」帶著走，例如，我沒有立即發現事情的嚴重性，情緒一定會變得暴怒，而且發生得理不饒人的情況，這樣下去，我的人生一定過得很不如意。所以現在回想起來，我們來到這世間其實就是將自己不好的地方修到圓通，這樣子將來可以留更多德行給後代子孫，另外真的託母親的福氣介紹我去看這本善書，才有機會好好的將四個領悟拿來生活中應用。建議你如果也有這樣的情況發生，也可以參考我的方式，逐漸改善自己的情況，今後一定有驚人的事情會發生。

「教孩子學會生活技能」能縮短照顧的工時，讓家庭及工作平衡

　　辦公室同仁跟我一起在同單位工作時，他最常跟我說的話，就是小孩每天下課後回到家需要父母幫她準備晚餐，但我同仁因為常常加班沒有辦法準時回家，他老婆在超商做店員，因為輪班的關係下班回家滿累了，就順便帶超商一些沒賣完的麵包回家給小孩吃，然後就累到直接上床睡覺，連澡都沒有洗，更沒有在管小孩有沒有吃飽，還有作業有沒有寫，長期這種情況一直循環，小孩對母親的作為就產生反感，因此發生爭吵，然後父親加班中接到母親的來電，說為了晚餐的問題又爭吵了。當他敘述這件事的過程給我聽的時候，我就跟他建議，你老婆工作很累先讓她休息，可以利用假日教他們用電鍋或者微波爐蒸一些簡單的食物，然後等你下班後再煮其他東西填飽他們肚子，讓他們可以短時間解決吃的問題，他聽完我這樣的建議，就真的去做看看，發現他的小孩慢慢學會簡單生活技能，他也跟小孩慢慢溝通後產生共識。而且從小孩解決吃的問題後，也開始慢慢教他們學會洗碗、垃圾整理及拖地等等簡單的家務，解決生活上的種種問題，這樣他看著小孩一天一天進步，後來我同仁就把教會小孩的心得分享讓我知道，使我的心中感到欣慰。他常常下班回家後，看到家裡都是乾乾淨淨的，就會很放心在工作上加班。

　　美國心理學家丹尼爾・威林漢教授曾提出教孩子獨立做家事的流程，第一，孩子可以在指導下自己做；第二，孩子能完成一部分或以

簡單版完成；第三，孩子能幫父母分擔小小的一部分。[101] 因為小孩得知每件事情都會由父母幫他們處理好，依賴成為習慣，所以一碰到自己無法解決的情況，常常需要依賴父母，這樣的問題一直不斷循環，一定要利用空閒時間教孩子簡單的家務流程，孩子可以慢慢適應這樣的生活方式，父母就可以縮短照顧他們的工時。又讓我想到我小的時候，因為那時候父母都在外面工作到滿晚，母親又利用假日時間教會我洗米，洗完米後放到電鍋煮，這樣她平時下班回家就可以煮菜，菜和飯都會同時可以上桌，這樣一家人就可以早點吃飯，我們也有時間寫功課。我現在回想起來，其實母親這樣做除了教會我簡單的家務技能外，還有教會我在吃飯這件事上面，很多事可以同時進行的，這樣母親可以縮短照顧我們的工時，不用每件事都幫我們做得好好的，因為將來我們長大獨立生活也是要會這些技能，所以父母「教」小孩的力量是不容小覷。我建議大家有時間一定要陪小孩多多互動，從互動中可以了解他們對於做家事的看法，可以一邊做一邊指導，我建議父母可以跟小孩討論哪種家電使用方式較便捷，尤其現在家電比以前傳統家電的功能還要多。從互動中可增進親子關係，也從中延伸教會他們使用其他家電上的技能，並適時提醒家電使用的注意事項，同時可

101　參考引自親子天下，〈美國心理學家一張圖表，幫你培養小孩更獨立〉，https://www.parenting.com.tw/article/5078125

了解他們執行家務的過程中有沒有遇到困難,一步一步去解決,這樣我相信你們在工作上才能放心加班,達到家庭及工作上的一個平衡。

「出國」是人生學習的經驗，有助提升個人文化品質

我在軍校讀書的時候沒有機會出國，一直到軍校畢業後到部隊工作十一年之餘才有機會出國看看，因為沒有出過國，頓時讓我覺得滿有新鮮感的，而且很興奮，猶如明代大畫家董其昌說的「讀萬卷書，行萬里路」[102]，就是說明把書中所了解的地理知識拿來實際運用。我第一次出國是去韓國濟洲島，總共五天四夜的行程，就開始請教旅行社出國前後會面臨的一些狀況，然後開始著手去準備衣物、盥洗用具、藥品、換當地的貨幣等等。因為當時報的是團體旅行，是有導遊帶領我們一直到旅遊結束，如果旅遊中有任何問題可以請教導遊，而且團體旅行的好處是可以認識各行各業不同的朋友，尤其在出國的時候碰到問題也可以向他們請教，畢竟我是第一次，比較不熟悉國外的食衣住行及天氣情況。所以一開始建議先走團體旅遊，累積一定的經驗後，有機會可以改自由行，自己就像旅行社的服務人員，替自己規劃所有行程。另外，每個國家從文化上的差異一直到個人的食衣住行等等，都是我想去體驗的，所以後來我又去日本及馬來西亞體驗他們的文化，提升我的文化品質。

後來由於我工作的職務有機會跟老闆一起去新加坡出差，跟老闆出國需要準備的東西會比較多，而且公務行程比去觀光還多。公務行程準備行李的方式跟自己出國玩的方式差很多，因為跟老闆出國後，

---

102 參考引自百度百科，〈讀萬卷書，行萬里路〉，https://baike.baidu.hk/item/%E8%AE%80%E8%90%AC%E5%8D%B7%E6%9B%B8%EF%BC%8C%E8%A1%8C%E8%90%AC%E9%87%8C%E8%B7%AF/3248644

到當地是要拜訪他們的行政單位長官,需要準備禮品致贈;因為對方長官也有禮品致贈我方,所以我還要替老闆著想多帶旅行箱,以備不時之需。並且在出國前,相關的行程規劃及禮品就要先準備,才不會忘東忘西,幸好我之前有出國去玩的經驗,可以套用跟老闆出國的方式,只是準備的方式不一樣而已,就像美國心理學家加涅教授提出學習遷移中的「垂直遷移」[103],個人能把學得的經驗因情境而重組,形成比舊經驗更高一層次的學習。將我多次出國的經驗整合成陪老闆出國的規劃,讓我學習到滿多經驗,獲益良多。

我發現很多人出國回來後,都會有自我提升的想法出現,有些人出國回來後就想往旅遊業發展,加強語文學習,之後帶團出國,找到自己的第二專長;另外有些人去國外吸取對自己有興趣的事物,認為我們國家也可以銷售,回國後就自行創業,演變成有時不用出國也可以在國內買到他們幫忙代購的東西;而且有些人把自己出國的經驗寫成書出版,讓更多人對於出國遊玩這件事產生嚮往;甚至讓我更佩服的是,出國發現當地是適合宜居的,回國後就開始計劃移民。我認為「出國」後不管以什麼方式來自我提升,都是對於世界有奉獻的,所以「出國」真的是人生生涯學習的其中一環,我建議你這輩子有機會一定要出國,從出國中體驗當地的文化,學習對你有幫助的事物,一定會對國家有貢獻,也對於你未來的生涯規劃一定有幫助。

---

103 參考引自 MBA 智庫百科,〈學習遷移〉,https://wiki.mbalib.com/zh-tw/%E5%AD%A6%E4%B9%A0%E8%BF%81%E7%A7%BB

取得「話語權」能替對方立場著想

　　多半能取得「話語權」的人，通常是有「錢」又有「權」，同時也是身份地位較高的人，俗話說「喊水會結凍」，這個是社會最真實的寫照，因為要有這二樣東西，要付出很辛苦的代價，除非你是富二代，不然就要從白手起家一直做到有身份地位，不然要拿到這二樣東西的過程很辛苦。最好的例子就是葡萄牙 C 羅足球員[104]，他也是白手起家的，有一次他出席歐洲盃足球賽記者會時，不太高興地拿走桌上的可口可樂，並暗示喝水才健康，此舉動引發可口可樂股價重挫，市值蒸發四十億美元，讓我覺得不可思議，所以我也好奇在網路上研究一下 C 羅的生平，才發現他在足球這件事下了很多功夫，一切都來自於他的「自律」，白天練球、晚上健身、不喝飲料，就是一直維持這樣的生活型態。他在比賽過程中也熱衷於公益，例如癌症家庭的父母付不出醫藥費而向外界求助，求助過程中被足球員 C 羅知道後，他就義不容辭將癌童醫藥費全部付清外，還會額外送球鞋、簽名及球衣，讓這些弱勢家庭備感溫暖。C 羅曾經說過這麼一句話：「只要你願意幫助別人，那麼上帝就會雙倍回饋給你。」我認為他從事公益跟他出生在貧窮家庭有關，他體驗過窮苦的生活，知道一定要從事運動才能有出路，所以才選擇足球，當他在足球這個領域獲得成就，我覺得猶如取得「話語權」，並懂得回饋這些窮苦的家庭。我相信人在功成名

---

[104] 參考引自維基百科，〈克里斯蒂亞諾‧羅納度〉，https://zh.wikipedia.org/zh-tw/%E5%9F%BA%E6%96%AF%E5%9D%A6%E5%A5%B4%C2%B7%E6%9C%97%E6%8B%BF%E5%BA%A6

就的時候一定要搭配「公益」的事物，這樣不論他的企業或後代子孫一定都會興旺下去，這才是身份地位較高的人必定要做到的目標。C羅將可樂做移動時就跟取得「話語權」一樣，雖然他做這個舉動讓社會反應兩極，但支持C羅的人還是很多，還是贏得大多數人的尊重，甚至C羅慢慢在影響他的孩子，將來也是如此想法可以解決更多社會問題。

我在部隊的時候，發現有一些人位階不高，表現也沒有好到那裡，說話就一副高談闊論，還指導對方要如何做，這時候讓我想到有一句話：「言輕莫勸人」，指的是在卑微的立場上，絕對不要勸導別人，這時候應該多做少說，等到在工作上取得成績，因為總有一天會升官站在高處。有了「話語權」後，在任何狀況下一定要去即時勸導及幫助別人。另外我認為在軍中站在高處取得「話語權」後一定要替下屬著想，站在他自己的立場去想教導工作程序如何更快更有效率，還有平常多關心下屬的生活，這樣久而久之就容易贏得下屬的尊重。另外「公眾人物話語權，對自己所說的一定負全部責任外，也尊重自己在公眾中的社會名聲，更體現在用自己的公眾名聲推動社會的文明和進步。」[105] 我自己在部隊也算資深幹部，所以當我真的取得「話語權」，很喜歡鼓勵下屬在工作表現，還有鼓勵他們一定要念點書。所以我建

105　參考引自百度百科，〈公眾人物話語權〉，https://baike.baidu.hk/item/%E5%85%AC%E7%9C%BE%E4%BA%BA%E7%89%A9%E8%A9%B1%E8%AA%9E%E6%AC%8A/10785606

議你有朝一日，不管在哪個領域取得成績有「話語權」的時候，一定要站在對方立場去著想，一方面對你有幫助外，另一方面也會對這個社會有所幫助。

「侘寂」如同利他主義

侘寂（Wabi Sabi）是起源於禪宗的日本美學，這種美學的世界觀以接受短暫與不完美為核心，去欣賞一種本質上「不完美、無常和不完整」的美。具體來說，也包含三個面向：非永存，不完美以及未完成[106]。尤其從本質及面向看無常及非永存就讓我想起金剛經著名的四句經典：「一切有為法，如夢幻泡影，如露亦如電，應作如是觀。」[107]所有人世間的事情，常常變幻無常，就像白雲、泡泡、朝露、閃電，轉瞬即逝，什麼都抓不住，也不會是屬於自己的。我會提到「侘寂」這二個字，是因為前面我寫了很多篇人生經歷，其實都是表示自己不管在學識、工作、應變能力不足的情況下，還能讓更多貴人欣賞我的不足之處，願意提醒及幫助我，使我軍旅生涯很精采，「侘寂」如同利他主義一樣在軍中幫助他人的不完美之處。

雖然我在前面文章描述的學習階段有很多體悟之處，但都是讓自己學習更多不知道的事物，進而提升我的人生觀、價值觀及世界觀，我覺得有一句話說的很好，叫「學海無涯勤是岸」[108]，意思是說學問就像海洋一樣浩瀚無窮，唯有勤奮不懈，才能有所成就。換句話說，怎麼可能在自己熟悉領域的學問裡，一輩子一直勤奮不懈？總是有體力不支及老花眼的時候。不可能將所有知識學完，只能接受不完美的

---

106 李歐納・科仁，《Wabi-Sabi：給設計者、生活家的日式美學基礎》，2011 年。
107 參考引自《金剛經・一切有為法》，https://baike.baidu.hk/item/%E4%B8%80%E5%88%87%E6%9C%89%E7%82%BA%E6%B3%95/11041003
108 參考引自教育部，《重編國語辭典修訂版》，〈學海無涯勤是岸〉，https://dict.revised.moe.edu.tw/dictView.jsp?ID=111728&la=0&powerMode=0

人生,所以在世的時候,我們只能把學到的東西拿來教人,一代傳一代,我相信這樣的社會才會更美好。

　　我父親常跟我們兄弟倆說一句話:這一生我雖然沒有賺很多錢,家裡也是你們兄弟倆撐起來,讓我感到欣慰,但我留了「德行」送給你們。這句話讓我頓時感悟很多,因為父親是一位粗人,以前就在汽車保養廠做烤漆工作,工作環境比較簡陋,員工差不多都是粗人性質的,個性也常常直覺思考,動不動說二句話就會發脾氣,但我觀察他是一位很有良心的人,因為他會私下捐助教會及義工團體日常生活所需物品,做家裡的任何事情都有條有理。母親更是如此,我前面文章提到母親從事很多工作,雖然她學歷不高,但她做什麼工作一定有始有終,常被她的同行員工稱讚;母親每當一個工作結束時,員工也捨不得她離開,因為她的好人緣是大家有目共睹的。尤其在修改衣服的工作上,確實利用自己的雙手協助我們家附近較窮的人家,還有家裡吃不完的東西也會送給窮苦人家,這些善舉讓我能接受父母親的不完美人生。所以我現在感到很幸福的地方就是,父母親做善事就代表德行可以綿延到子孫,讓我們也依照父母親的生活準則來生活。雖然我們沒有辦法決定出生在什麼樣的家庭,但我相信孩子出生後,只要是身為父母親的角色,一定會竭盡全力照顧孩子所有需求,所以身為孩子更應該體諒父母親的辛苦。英國心理分析大師溫尼考特的臨床經驗

發現，不完美的父母並不會對孩子造成任何傷害[109]。總之，「侘寂」的精神就是看待不完美的美，散發出利他主義的光芒，相信你也是以一樣的眼光看待這不完美的美。

109　參考引自《天下雜誌》，〈沒有「完美的」父母，只有「夠好的」父母〉，https://www.cw.com.tw/article/5057386

後記

後記

　　這本書完成後,我還是依舊每天保持閱讀、運動及寫作的律動,真的滿開心可以寫出一本書讓很多人知道,尤其是軍中的兄弟姊妹們。雖然我去年已退伍,但依舊關心軍中的大小事,尤其看到新聞有關軍中現在編限比有過低現象,希望可以藉由我的演講招募新血,也可做全民國防的推手,讓更多莘莘學子想要從軍為國效力。

　　我希望在各高中及大學院校中,有意願想進軍中服務的莘莘學子們,能因為閱讀我的書籍後讓他們對從軍生涯有信心。其實說真的,軍中的生活很多事情是重複性的,且待命時間長、有任務性質,放假時間有時候的確不正常,壓力上相對是比在外面工作來的大。一開始,我進來軍中服務時,都是承受有壓力的工作,所以我一定會趕快消化情緒,不在當下執著對錯,這樣後面的事情才不致於無法進行,導致工作延誤的情況發生。曾經我在軍中人事單位服務的時候,有一位同仁就是心理狀況較有問題,工作常常出現狀況,一度懊惱非常想退伍,當時我們的工作是每天晚上需要加班,我就利用晚上的時間找他並好好開導、關心及鼓勵。這樣漸漸的,很多事情就在我的開導之下,他慢慢消去退伍的想法,直至今年他升官了,我真的替他開心,終於可以看到一件好事發生。這是我的榮幸,也是他的好運到來。所以,無論在軍中或者在外面工作,的確都會有不如意的地方,一旦發生心理上的問題,要立即找長官及心輔老師解決心中的那個困境,每個階段突破後,人生一定前途光明。另外,在書中的每篇案例最後一段我都有建議,倘若能參考我的方式試試,其實軍旅生涯可以過得很快樂,

而且還可以好好發揮所學專長,並在軍中服務學到很多經驗,將來可以平安退伍,銜接外面的第二專長就業。

老子《道德經》說:「禍兮,福之所倚;福兮,禍之所伏。」[110] 意思就是說,災難和幸福是相依相隨的,誰也無法脫離誰而單獨存在。這也告誡我們,任何幸福的背後總是藏著災難,但災難不是永遠存在的;災難的背後是幸福快樂,老子在提醒我們要以平靜的心態面對災難和幸福。從老子這段話可以聯想到《淮南子‧人間》中的一句話:「塞翁失馬,焉知非福」[111],大意為:邊塞附近有戶養馬的人家,兒子在騎馬時跌斷了腿,鄰人趕來安慰,父親說:「腿跌斷了,怎知不是我們的福氣呢?」過了一年,胡人入侵,當地年輕人都被召去作戰,大多數人不幸戰死,兒子卻因為瘸腿,保全了性命。從老子說的話到「塞翁失馬」這件事,就如同我當時讀軍校的時候,被親戚及同學笑說不愛讀書或者缺乏管教的才會去,但我還是毅然決然在軍中待了二十五年,到最後退伍才知道福利待遇比同齡的還更好。真的要感謝當初我家人的鼓勵及支持,才能走到快樂的結局。

110　參考引自文化精華,每日一詞〈禍兮福之所倚　福兮禍之所伏〉,https://www.ourchinastory.com/zh/1623/%E7%A6%8D%E5%85%AE%E7%A6%8F%E4%B9%8B%E6%89%80%E5%80%9A%20%E7%A6%8F%E5%85%AE%E7%A6%8D%E4%B9%8B%E6%89%80%E4%BC%8F

111　參考引自百度百科〈塞翁失馬,焉知非福〉,https://baike.baidu.com/item/%E5%A1%9E%E7%BF%81%E5%A4%B1%E9%A6%AC%EF%BC%8C%E7%84%89%E7%9F%A5%E9%9D%9E%E7%A6%8F/4564570

國家圖書館出版品預行編目（CIP）資料

創立豪運 / 楊立豪著. – 初版. – 高雄市：藍海文化事業股份有限公司, 2025.05
面； 公分
ISBN 978-626-98655-9-8 (平裝)

1.CST: 人生哲學 2.CST: 自我實現

191.9　　114004391

創立豪運

作　　　者	楊立豪
發 行 人	楊宏文
編　　　輯	李麗娟
美編設計	黃士豪
出 版 者	藍海文化事業股份有限公司
	802019高雄市苓雅區五福一路57號2樓之2
	電話：07-2265267
	傳眞：07-2233073
	購書專線：07-2265267轉236
	E-mail：order1@liwen.com.tw
	LINE ID：@sxs1780d
	線上購書：https://www.chuliu.com.tw/
臺北分公司	100003臺北市中正區重慶南路一段57號10樓之12
	電話：02-29222396
	傳眞：02-29220464
法律顧問	林廷隆律師
	電話：02-29658212
刷　　　次	初版一刷・2025年5月
定　　　價	350元
Ｉ Ｓ Ｂ Ｎ	978-626-98655-9-8（平裝）

版權所有，翻印必究
本書如有破損、缺頁或倒裝，請寄回更換

Blue Ocean